大师开讲

胡适：

# 人生是一件最严重的事实


钟明
邵党国
编著





全国百佳图书出版单位
时代出版 时代出版传媒股份有限公司
黄山书社

**图书在版编目（CIP）数据**

大师开讲·胡适：人生是一件最严重的事实 / 钟明 . 邵党国编著 .
-- 合肥：黄山书社，2014.5
ISBN 978-7-5461-4454-2

Ⅰ . ①大… Ⅱ . ①钟…②邵… Ⅲ . ①胡适（1891 ~ 1962）
-语录 Ⅳ . ① K811

中国版本图书馆 CIP 数据核字（2014）第 077172 号

DASHI KAIJIANG · HU SHI RENSHENG SHI YI JIAN ZUI YANZHONG DE SHISHI
**大师开讲·胡适：人生是一件最严重的事实** 钟明 邵党国 编著

出 品 人 任耕耘
选题策划 任耕耘 杨 雯
责任编辑 高 杨 侯 雷
特约编辑 李晓阳 赵迪秋
装帧设计 齐 娜
出版发行 时代出版传媒股份有限公司（http：//www.press-mart.com）
黄山书社（http：//www.hspress.cn）
地址邮编 安徽省合肥市蜀山区翡翠路 1118 号出版传媒广场 7 层 230071
印 刷 安徽国文彩印有限公司
版 次 2015 年 6 月第 1 版
印 次 2015 年 6 月第 1 次印刷
开 本 880mm × 1230mm 1/32
字 数 150 千
印 张 9
书 号 ISBN 978-7-5461-4454-2
定 价 28.00 元

服务热线 0551-63533706

销售热线 0551-63533761

官方直营书店（http://hsssbook.taobao.com）

# 目录

# 不让人牵着走的胡适（代序）

北大校长、文学革命领袖、白话创始人、最有成就的史学家、中国新教育的领袖、新红学家、禅宗史研究大家、《水经注》研究最有成果的学者等等，胡适的头衔何其多也！我给他的画像却唯有一点：不受人惑。

他在《介绍我自己的思想》一文中宣称："从前禅宗和尚曾说，菩提达摩东来，只要寻一个不受人惑的人。我这里千言万语，也只是要教人一个不受人惑的方法。……我只希望尽我的微薄的能力，教我的少年朋友们学一点防身的本领，努力做一个不受人惑的人。"这一点，胡适本人确实做到了。

他敢于拒绝。1947 年，蒋介石想请胡适出任"考试院院长"和"国府委员"，但胡适坚持不肯加入国民政府而力辞。1949 年，阎锡山任命胡适为"外交部长"，但胡适拒绝上任。1950 年美国助理国务卿迪安·腊斯克，试图说服胡适出面领导流亡海外及台湾的反共亲美人士，以取代蒋介石的政权，不过胡适对此全无兴趣，照样严词拒绝！

他也敢于质疑。胡适在美国求学时，一天他问了五十个中国朋友对于《天演论》是否相信，结果个个回答相信。而当胡适再问《天演论》的理论依据时，却只有两三个人回答得出。他在《知难，行亦不易》一文中甚至质疑过孙中山先生，“然而（孙中山的）‘行易’之说可以作一班不学无术的军人政客的护身符！此说不修正，专家政治决不会实现。”并且他反对政治对大学教育干预，主张在教育界保留一块净土，保持思想的独立自由。

胡适常告诫青年不要被他人“牵着鼻子走”。在上世纪二十年代，高喊“主义”的人为数众多。学生大多数是热血青年，受此鼓动，竞相罢课空谈，荒废学业。此时胡适劝导青年们道：“救国是一件顶大的事业：排队游街，高喊着‘打倒英日强盗’，算不得救国事业；甚至于砍下手指写血书，甚至于蹈海投江，杀身殉国，都算不得救国的事业。救国的事业须要有各色各样的人才；真正的救国的预备在于把自己造成一个有用的人才。易卜生说的好：真正的个人主义在于把你自己这块材料铸造成个东西。”

从美国学成归来，站在中西方文化的交融点上，胡适对传统文化的反思是深刻的。他一向主张打倒只喊口号的“名教”，反对思想只停留在纸上。因为只有热心，没有方法，就只能是一个虚幻的梦，我们民族这“老英雄便是这样做了几千年的迷梦，以至于被动挨打，不得不醒来”。他早就一针见血地指出：“固然东方也曾有主张博爱的宗教，也曾有公田均产的思想。但这些不过是纸上的文章，不曾实地变成社会生活的重要部分。”

岁月沧桑，胡适先生留给我们的精神财富，一百年后仍旧熠熠闪光。

胡适师承实用主义大家——美国人杜威。胡适刚回国就着手进行实用主义的试验和研究。他主导编制《壬戌（1922 年）学制》，是此后学制形成的基石：将小学七年改为六年，将中学四年改为六年，大学取消预科，大学修业年限为四至六年。

他也曾写就一篇《贞操问题》，语不惊人誓不休，把当时褒扬“贞洁烈女”并拟定了可循之章《褒扬条例》的迂腐官僚打了个措手不及。他开宗明义：“‘贞操’这个问题并不是‘天经地义’的，是可以彻底研究，可以反复讨论的。”人们信奉多年的“想当然”，原来竟是无稽之谈。胡适就是秉持这样的信念：“怀疑的态度是建设的，创造的，是寻求真理的唯一途径。怀疑的目的，是要胜过疑惑，而建立一个新的信仰。”

做学问，胡适要在不疑处有疑；而待人，他则在有疑处不疑。胡适待人和善，不仅社会名流，连初出茅庐的青年学生，都以“我的朋友胡适之”为荣。

胡适于 1962 年逝世，但其影响力至今不衰。李敖在《播种者胡适》中说过这样一段话：“说真的，在另一方面，我真希望胡适之是过了时的人了。胡适之不过时，证明了我们四十年来没有进步。”

今日要谈“民主”“新思想”“新文学”“新诗”“白话文”“实验主义”等等，无不提到胡适。似乎他就是这些新思潮的弄潮儿。但是他在教导自己学生时，最喜欢引用“洞山和尚”的故事。洞山和尚最敬重他的老师云崖和尚。于是有人问洞山：“你肯先师也无？”（赞成老师的话吗？）洞山说：“半肯半不肯。”又问：“为何不全肯？”洞山说：“若全肯，即辜负先师也。”

胡适先生终其一生，就是教导年轻人“不要让人牵着鼻子走”，对人对事都要“半肯半不肯”，要不受人惑，自铸成器！

第一章

# 实实在在，做好你自己

胡适是全才。1938 年，胡适出任中国驻美大使。消息传到日本后，日本内阁备感压力，当时日本国内的社会舆论发起建议，说应该派三个人同时出任日本驻美大使，才可以抑制住胡适的能力。这三个人分别是鹤见祐辅、石井菊次郎和松冈洋右。其中鹤见为文学专家、石井是经济专家、松冈则为雄辩家。胡适的多才多能由此可见一斑。而这才能背后的精神却朴素之极，一言以蔽之，就是：实实在在，做好你自己。

他说："人生的意义不在于何以有生，而在自己怎样生活。你若情愿把这六尺之躯葬送在白昼做梦之上，那就是你这一生的意义。你若发愤振作起来，决心去寻求生命的意义，去创造自己的生命的意义，那么，你活一日便有一日的意义，作一事便添一事的意义，生命无穷，生命的意义也无穷了。"

他认为无思无为的人生是被豢养乃至被奴役的人生："一个人捉到一只雁，把它养在楼上半阁里，每天给它一桶水，让他在水里打滚游戏。那雁本是一个海阔天空逍遥自得的飞鸟，如今在半阁里关久了，也会生活，也会长得胖胖的，后来竟完全忘记了它从前那种海阔天空来去自由的乐处了！个人在中国社会里，就同这雁在人家半阁上一般，起初未必满意，久而久之，也就惯了，也渐渐地把黑暗世界当作安乐窝了。”而只有“增加你求学的热心与兴趣，把自己铸造成器，方才可以希望有益于社会。真实的为我，便是最有益的为人。把自己铸造成了自由独立的人格，你自然会不知足，不满意现状，敢说老实话。”

所以无论身处什么时代，都请记住胡适的话：

“正因为我们今日的种种苦痛都是从前努力不够的结果，所以我们将来的恢复与兴盛决没有捷径，只有努力工作一条窄路，一点一滴的努力，一寸一尺的改善。悲观是不能救国的，呐喊是不能救国的，口号标语是不能救国的，责人而自己不努力是不能救国的。”

“你要深信：天下没有白费的努力。成功不必在我，而功力必不唐捐！”

## 天人合一

宋儒的理学是从中古的宗教里滚出来的。中古的宗教——尤其是佛教——排斥肉体，禁遏情欲，最反乎人情，不合人道。宋儒用人伦的儒教来代替出世的佛教，固然是一大进步。然而宋儒在不知不觉之中受了中古禁欲的宗教的影响，究竟脱不了那排斥情欲的根本态度，所以严辨“天理”“人欲”的分别，所以有许多不人道的主张。（《老残游记》序）

问：“饮食之间，孰为天理，孰为人欲？”曰：“饮食者，天理也；要求美味，人欲也。”（《朱子语类》）

克制个体无限膨胀的欲望，追求人与天地、人与自然、人与人之间的和谐之道，这样存天理灭人欲的天人合一，在当代世界仍然是有意义的。

## 真正的救国

救国是一件顶大的事业：排队游街，高喊着“打倒英日强盗”，算不得救国事业；甚至于砍下手指写血书，甚至于蹈海投江，杀身殉国，都算不得救国的事业。救国的事业须要有各色各样的人才；真正的救国的预备在于把自己造成一个有用的人才。

国家的纷扰，外间的刺激，只应该增加你求学的热心与兴趣，而不应该引诱你跟着大家去呐喊，呐喊救不了国家。即使呐喊也算是救国运动的一部分，你也不可忘记你的事业有比呐喊重要十倍百倍的。你的事业是要把你自己造成一个有眼光有能力的人才。（《爱国运动与求学》）

谈事不如做事，议世不如经世。

## 做好你自己

如孔子说："修己以敬，修己以安人，修己以安百姓。"修己就是把自己弄好。我们应当先把自己弄好，然后帮助别人；独善其身然后能兼善天下。同学们，现在我们读书的时候，不要空谈高唱博爱；但应先努力学习，充实自己，到我们有充分能力的时候才谈博爱，仍不算迟。（《大宇宙中谈博爱》）

巴斯德对于科学有绝大的信心，所以他在国家蒙奇辱大难的时候，终不肯抛弃他的显微镜与试验室。他绝不想他的显微镜底下能偿还五十万万佛郎的赔款，然而在他看不见想不到的时候，他已收获了科学救国的奇迹了。（《赠与今年的大学毕业生》）

要成就大业、承担大义就得忍辱负重，忍辱为了负重，忍辱才能负重。面对席卷而来的历史洪流，任何高调都只会在瞬间被湮没，而唯有扎扎实实地做好你自己，不放弃，不妥协，以"平庸的善"对抗"平庸的恶"（汉娜·阿伦特语），这人生与社会才终有转机。

## 精神不老丹

我读这一段时，觉得内中有一节很可给我们少年人和壮年人做一种永久的教训，所以我把他提出来抄在下面：“当四十岁时，人的精神充裕，那一副过人的精神便显起效用来，于甚少的机会中追求出机会，摄取了知识，构成了思想，发动了志气，所以有那一番积极的作为。在那时代便是维新家了。到六十岁时，精神安能如昔？知识的摄取力先减了，思想的构成力也退了，所有的思想都是以前的遗留，没有那方兴未艾的创造，而外界的变迁却一日千里起来，于是乎就落后成为旧人物了。”我们少年人读了这一段，应该问自己道：“我们到了六七十岁时，还能保存那创造的精神，做那时代的新人物吗？”这个问题还不是根本问题。我们应该进一步，问自己道：“我们该用什么法子方才可使我们的精神到老还是进取创造的呢？我们应该怎么预备做一个白头的新人物呢？”

我们应该早点预备下一些“精神不老丹”，方才可望做一个白头的新人物。这个“精神不老丹”是什么呢？我说是永远可求得新知识新思想的门径。这种门径不外两条：一、养成一种欢迎新思想的习惯，使新知识新思潮可以源源进来；二、极力提倡思想自由和言论自由，养成一种自由的空气，布下新思潮的种子，预备我们到了七八十岁时，也还有许多簇新的知识思想可以收积来做我们的精神培养品。（《不老——跋梁漱溟先生致陈独秀书》）

人生应该永远保持开放的心灵与独立的判断，从少年到白头。

## 三不朽

《左传》说的三种不朽是：一、立德的不朽，二、立功的不朽，三、立言的不朽。

“德”便是个人人格的价值，像墨翟、耶稣一类的人，一生刻意孤行，精诚勇猛，使当时的人敬爱信仰，使千百年后的人想念崇拜。这便是立德的不朽。

“功”便是事业，像哥仑布发现美洲，像华盛顿造成美洲共和国，替当时的人开一新天地，替历史开一新纪元，替天下后世的人种下无量幸福的种子。这便是立功的不朽。

“言”便是语言著作，像那《诗经》三百篇的许多无名诗人，又像陶潜、杜甫、莎士比亚、易卜生一类的文学家，又像柏拉图、卢梭、弥儿顿一类的文学家，又像牛顿、达尔文一类的科学家，或是做了几首好诗使千百年后的人欢喜感叹；或是做了几本好戏使当时的人鼓舞感动，使后世的人发愤兴起；或是创出一种新哲学或是发明了一种新学说，或在当时发生思想的革命，或在后世影响无穷。这便是立言的不朽。

总而言之，这种不朽说，不问人死后灵魂能不能存在，只问他的人格，他的事业，他的著作有没有永远存在的价值。

其实孔丘的不朽全在他的人格与教训，不在他那“在天之灵”。大总统多行了两次祭，孔教会多走两次“朝山进香”，就可以使孔丘格外不朽了吗？更进一步说，像那《三百篇》里的诗人，也没有姓名，也没有事实，但是他们都可说是立言的不朽。为什么呢？因为不朽全靠一个人的真价值，并不靠姓名事实的流传，也不靠灵魂的存在。试看古往今来的多少大发明家，那发明火的，发明养蚕的，发明丝的，发明织布的，发明水车的，发明舂米的水车的，发明规矩的，发明秤的……虽然姓名不传，事实湮没，但他们的功业永远存在，他们也就都不朽了。这种不朽比那个人的小小灵魂的存在，可不是更可宝贵，更可羡慕吗？况且那灵魂的有无还在不可知之中，这三种不朽——德，功，言——可是实在的。这三种不朽可不是比那灵魂的不灭更靠得住吗？（《不朽——我的宗教》）

无论道德、事功或言论，都可成为改变社会的实际存在；而越是沉甸甸的实在，就越具备形而上的不朽。“实实在在”四字可谓胡适毕生奉行宣扬的真理。从另一个角度来看，其实中国传统文化中“入世干预”始终是主流，这也正是胡适可资借鉴发力之处。

## 个体究竟是历史的主人，抑或人质?

社会的生命，无论是看纵剖面，是看横截面，都像一种有机的组织。从纵剖面看来，社会的历史是不断的；前人影响后人，后人又影响更后人；没有我们的祖宗和那无数的古人，又哪里有今日的我和你？没有今日的我和你，又哪里有将来的后人？没有那无量数的个人，便没有历史，但是没有历史，那无数的个人也决不是那个样子的个人：总而言之，个人造成历史，历史造成个人。从横截面看来，社会的生活是交互影响的：个人造成社会，社会造成个人：社会的生活全靠个人分工合作的生活，但个人的生活，无论如何不同，都脱不了社会的影响；若没有那样这样的社会，决不会有这样那样的我和你；若没有无数的我和你，社会也决不是这个样子。（《不朽——我的宗教》）

个体究竟是历史的主人，抑或人质?

关于个体与历史之间的紧张关系，普通个体在历史中的价值和地位，或许没有人比心理学家荣格的总结更为精辟了。他说，令人惊讶的是，人，这个所有历史发展的鼓动者、发明者和推动者，这个所有判断和决策的发出者，这个未来生活的设计者，在现实生活中却必须强迫自己成为一个微不足道的数量化个体。人的本质与人的存在之间的这种矛盾现象，人类对自身的这种自相矛盾的评价，实在是一个令人诧异的问题。

作家张秋在其《历史的人质》一书中发问："人作为历史的创造者，缘何又被历史所绑架，所囚困，所遮蔽，所压制，所蹂躏，所牺牲？个体的人如何被成功地分子化、碎片化，如何'在有助于团体的名义下被除掉'（萨特语），如何不约而同地'走向奴役之路'（哈耶克语）？在这背后究竟有着什么样的权力结构、社会机制和人性基础在发挥作用？个体于历史之中进行选择的空间和能力到底有多大？"他接着说："其实所有这些问题都关乎'自由'二字。如果说历史是有意义的话（或者如波普尔所说'尽管历史没有意义，但我们能够给予它以意义'），那么这意义便是——历史必须服务并服从于个体生命力，而不是作为个体的异己力量在发挥作用。自由不是天赐，它的获得需要信念的支撑，并且常常需要付出巨大的代价。”

这正是胡适坚持的“自由主义”和“健全的个人主义”的意义。

## 做了，就有意义

我细读来书，终觉得你不免作茧自缚。你自己去寻出一个本不成问题的问题，“人生有何意义？”其实这个问题是容易解答的。人生的意义全是各人自己寻出来、造出来的：高尚、卑劣、清贵、污浊、有用、无用，……全靠自己的作为。生命本身不过是一件生物学的事实，有什么意义可说？一个人与一只猪，一只狗，有什么分别？人生的意义不在于何以有生，而在自己怎样生活。你若情愿把这六尺之躯葬送在白昼做梦之上——那就是你这一生的意义。你若发愤振作起来，决心去寻求生命的意义，去创造自己的生命的意义，那么，你活一日便有一日的意义，作一事便添一事的意义，生命无穷，生命的意义也无穷了。

总之，生命本没有意义，你要能给他什么意义，他就有什么意义。与其终日冥想人生有何意义，不如试用此生作点有意义的事……（《人生有何意义·答某君书》）

为人写扇子的话：

知世如梦无所求，无所求心普空寂。

还似梦中随梦境，成就河沙梦功德。

王荆公小诗一首，真是有得于佛法的话。认得人生如梦，故无所求。但无所求不是无为。人生固然不过一梦，但一生只有这一场做梦的机会，岂可不努力做一个轰轰烈烈像个样子的梦？岂可糊糊涂涂懵懵懂懂混过这几十年吗？（《人生有何意义·答某君书》）

幸福当然是种期待，但幸福最大的障碍就是仅仅停留在期待之中。寻找幸福是人生永恒的追求，而就在这追求之中，幸福悄然而至。

## 生活没有借口

少年人初次与冷酷的社会接触，容易感觉理想与事实相去太远，容易发生悲观和失望。多年怀抱的人生理想，改造的热诚，奋斗的勇气，到此时候，好像全不是那么一回事，渺小的个人在那强烈的社会炉火里，往往经不起长时期的烤炼就熔化了，一点高尚的理想不久就幻灭了。抱着改造社会的梦想而来，往往是弃甲曳兵而走，或者做了恶势力的俘虏。你在那俘虏牢狱里，回想那少年气壮时代的种种理想主义，好像都成了自误误人的迷梦！从此以后，你就甘心放弃理想的人生的追求，甘心做现成社会的顺民了。（《赠与今年的大学毕业生》）

美国西点军校有一个悠久的传统，那就是“千万别找借口”。学员遇到军官问话时只能有四种回答：“报告长官，是”；“报告长官，不是”；“报告长官，不知道”；“报告长官，我没有任何借口”。如此而已，别无他言。

## 第一味药："问题丹"

第一个方子只有一句话："总得时时寻一两个值得研究的问题！"

因为问题是知识学问的老祖宗；古往今来一切知识的产生与积聚，都是因为要解答问题，要解答实用上的困难或理论上的疑难。所谓"为知识而求知识"，其实也只是一种好奇心追求某种问题的解答，不过因为那种问题的性质不必是直接应用的，人们就觉得这是"无所为"的求知识了。我们出学校之后，离开了做学问的环境，如果没有一个两个值得解答的疑难问题在脑子里盘旋，就很难继续保持追求学问的热心。可是，如果你有了一个真有趣的问题天天逗你去想他，天天引诱你去解决他，天天对你挑衅笑你无可奈何他，这时候，你就会同恋爱一个女子发了疯一样，坐也坐不下，睡也睡不安，没工夫也得偷出工夫去陪她，没钱也得节衣节食去巴结她。没有书，你自会变卖家私去买书；没有仪器，你自会典押衣服去置办仪器；没有师友，你自会不远千里去寻师访友。你只要能时时有疑难问题来逼你用脑子，你自然会保持发展你对学问的兴趣，即使在最贫乏的智识环境中，你也会慢慢的聚起一个小图书馆来，或者设置起一所小试验室来。所以我说：第一要寻问题。脑子里没有问题之日，就是你的智识生活寿终正寝之时！（《赠与今年的大学毕业生》）

没有问题就没有思考，随波逐流的生命无异于行尸走肉。

## 第二味药：“兴趣散”

总得多发展一点非职业的兴趣。离开学校之后，大家总得寻个吃饭的职业。可是你寻得的职业未必就是你所学的，或者未必是你所心喜的，或者是你所学而实在和你的性情不相近的。在这种状况之下，工作就往往成了苦工，就不感觉兴趣了。为糊口而作那种非“性之所近而力之所能勉”的工作，就很难保持求知的兴趣和生活的理想主义。最好的救济方法只有多多发展职业以外的正当兴趣与活动。一个人应该有他的职业，又应该有他的非职业的玩艺儿，可以叫做业余活动。凡一个人用他的闲暇来做的事业，都是他的业余活动。往往他的业余活动比他的职业还更重要，因为一个人的前程往往全靠他怎样用他的闲暇时间。他用他的闲暇来打麻将，他就成了赌徒；你用你的闲暇来做社会服务，你也许成个社会改革者；或者你用你的闲暇去研究历史，你也许成个史学家。（《赠与今年的大学毕业生》）

兴趣是风，理想是帆，风吹帆动，成就生命的远航。

## 第三味药：“信心汤”

第三个方子也只有一句话：“你总得有一点信心。”我们生在这个不幸的时代，眼中所见，耳中所闻，无非是叫我们悲观失望的。特别是在这个年头毕业的你们，眼见自己的国家民族沉沦到这步田地，眼看世界只是强权的世界，望极天边好像看不见一线的光明，——在这个年头不发狂自杀，已算是万幸了，怎么还能够希望保持一点内心的镇定和理想的信任呢？我要对你们说：这时候正是我们要培养我们的信心的时候！只要我们有信心，我们还有救。古人说：“信心可以移山。”又说：“只要工夫深，生铁磨成绣花针。”你不信吗？当拿破仑的军队征服普鲁士占据柏林的时候，有一位穷教授叫做菲希特的，天天在讲堂上劝他的国人要有信心，要信仰他们的民族是有世界的特殊使命的，是必定要复兴的。菲希特死的时候（1814），谁也不能预料德意志统一帝国何时可以实现。然而不满五十年，新的统一的德意志帝国居然实现了。

一个国家的强弱盛衰，都不是偶然的，都不能逃出因果的铁律的。我们今日所受的苦痛和耻辱，都只是过去种种恶因种下的恶果。我们要收将来的善果，必须努力种现在的新因。一粒一粒的种，必有满仓满屋的收，这是我们今日应该有的信心。（《赠与今年的大学毕业生》）

怀疑的时代尤其需要信仰。相信自己，相信美好，相信依靠坚持不懈的努力就一定能收获美好，这就是最朴素也最有力量的信仰。

此之谓：你有光明，你的国家便不黑暗。

## 人生就是最严重的事实

有人对你说，“人生如梦”。就算是一场梦罢，可是你只有这一个做梦的机会。岂可不振作一番，做一个痛痛快快轰轰烈烈的梦？

有人对你说，“人生如戏”。就说是做戏罢，可是，吴稚晖先生说的好：“这唱的是义务戏，自己要好看才唱的；谁便无端的自己扮做跑龙套，辛苦的出台，止算做没有呢。”

其实人生不是梦，也不是戏，是一件最严重的事实。你种谷子，便有人充饥；你种树，便有人砍柴，便有人乘凉；你拆烂污，便有人遭瘟；你放野火，便有人烧死。你种瓜便得瓜，种豆便得豆，种荆棘便得荆棘。少年的朋友们，你爱种什么？你能种什么？……（《介绍我自己的思想》）

中国人的精神到底还是指向此岸与现世的。我们用人伦之爱，用“知其不可而为之”的勇气与担当，去消解面对死亡的虚无和荒诞。人生仍然可为，也必须有为——即便是梦，也要做个好梦；即便如戏，争取演出正剧。这是李泽厚的“实用理性”，是胡适“健全的个人主义”，也是罗曼·罗兰所说的“看清楚这个世界，然后爱它”。

## 功不唐捐

我们要深信：今日的失败，都由于过去的不努力。

我们要深信：今日的努力，必定有将来的大收成。

佛典里有一句话："福不唐捐。"唐捐就是白白的丢了。我们也应该说："功不唐捐！"没有一点努力是会白白的丢了的。在我们看不见想不到的时候，在我们看不见想不到的方向，你瞧！你下的种子早已生根发叶开花结果了！

我们生存在这个年头，看见的、听见的，往往都是可以叫我们悲观、失望的——有时候竟可以叫我们伤心，叫我们发疯。

这个时代，正是我们要培养我们的信心的时候，没有信心，我们真要发狂自杀了。我们的信心只有一句话："努力不会白费"，没有一点努力是没有结果的。（《一个防身药方的三味药》）

朋友们，在你最悲观最失望的时候，那正是你必须鼓起坚强的信心的时候。你要深信：天下没有白费的努力。

成功不必在我，而功力必不唐捐。（《赠与今年的大学毕业生》）

人一生的轨迹看似偶然，仿佛上帝随手挥就，但所有的偶然选择堆积起来，所有不起眼的环节串联起来，你的人生就是必然。你，才是自己的主宰。

## 以入世的态度做事

这种理想，中国历史上，早就有了的。工学院水工试验室要我写字，我写了两句话。这两句话，是《荀子》“天论篇”里面的。《荀子》“天论篇”，是中国古代了不得的哲学，也就是西方柏格生征服自然，以为人用的思想。《荀子》“天伦篇”说：“从天而颂之，孰与制天命而用之？大天而思之，孰与物蓄而制之？”这个文字，依照清代学者校勘，稍须改动。但意思没有改动。“从天而颂之”，是说服从自然。“从天而颂之，孰与制天命而用之。”两句话联起来说，意思是：跟着自然走而歌颂，不如控制自然来用。“大天而思之”，是问自然是怎样来的，“大天而思之，孰与物蓄而制之？”是说：问自然从哪里来的，不如把自然看成一种东西，养它，制裁它。把自然控制来用，中国思想史上只有荀子才说得这样彻底。从这两句话，也可以看出中国在两千二三百年前，就有控制天命——古人所谓天命，就是自然——把天命看作一种东西来用的思想。（《搥煮自然的灵物》）

以出世的态度，去过入世的生活；以出世的态度做人，以入世的态度做事。无论如何，中国文化仍是讲究入世干预的。

## 竹子里的科学和道德

从这个故事，可以看出传统的不动手动脚，拿天然实物来玩的习惯。今天工学院植物系的学生格竹子，是要把竹子劈开，用显微镜来细细的看，再加上颜色的水，作各种的试验，然后就可以判定竹子在工业上的地位。为什么王阳明格不出来，今天的工程师可以格出来？因王阳明没有动手动脚作器具的习惯，今天的工程师有动手动脚作器具的习惯。荀子“制天命而用之”的哲学，终敌不过老子、庄子“错（措）人而思天”的哲学。故程、朱的格物穷理的思想，终不能应用到自然界的实物上去，至多只能在“读书”上（文史的研究上）发生了一点功效。（《捶煮自然的灵物》）

胡适的“这个故事”，正是王阳明创出心学的渊源。

先生曰：“众人只说‘格物’要依晦翁，何曾把他的说去用！我着实曾用来。初年与钱友同论做圣贤要格天下之物，如今安得这等大的力量。因指亭前竹子，令去格看。钱子早夜去穷格竹子的道理，竭其心思至于三日，便致劳神成疾。当初说他这是精力不足，某因自去穷格，早夜不得其理，到七日，亦以劳思致疾，遂相与叹圣贤是做不得的。无他大力量去格物了。及在夷中三年，颇见得此意思，方知天下之物本无可格者。其格物之功，只在身心上做。决然以圣人为人人可到，便自有担当了。这里意思，却要说与诸公知道。”（《语录三》）

朱熹提倡“格物致知”，要向客观世界中去探寻真理，于是王阳明身体力行，对着一棵竹子格了七天七夜终于大病一场。他并没有收获什么关于竹子的道理，而是体悟到，也许真理就在人心中，我们一味地向外求取恰恰是本末倒置。从某种程度来说，他的发现颇似康德使西方哲学从本体论转向认识论，而巧合的是，他们又都最终强调了道德的作用（人类要学会观照自己的内心；要过一种道德的生活）。于是，这竹子里的故事便有了另一个完全不同的走向。

## 进军自然的“战歌”

二十年前，中国科学社要我作一个社歌，后来请赵元任先生作了乐谱。今天我把这个东西送给各位工程师。这个社歌，一共三段十二句。

我们不崇拜自然。他是一个刁钻古怪；

我们要捶他，煮他，要叫他听我们的指派。

我们要他给我们推车；我们要他给我们送信。

我们要揭穿他的秘密，好叫他服事我们人。

我们唱天行有常，我们唱致知穷理。

明知道真理无穷，进一寸有一寸的欢喜。（《捶煮自然的灵物》）

人类究竟能认识些什么？理性到底有没有边界？如果有，这边界又该划在哪里？站在今天回望，胡适的这首“战歌”仍然意味深长。

# 中国该有什么精神

现在中国有几种人生观都是“少年中国”的仇敌：第一种是醉生梦死的无意识生活，固然不消说了；第二种是退缩的人生观，如静坐会的人，如坐禅学佛的人，都只是消极的缩头主义。这些人没有生活的胆子，不敢冒险，只求平安，所以变成一班退缩懦夫；第三种是野心的投机主义，这种人虽不退缩，但完全为自己的私利起见，所以他们不惜利用他人，作他们自己的器具，不惜牺牲别人的人格和自己的人格，来满足自己的野心；到了紧要关头，不惜作伪，不惜作恶，不顾社会的公共幸福，以求达他们自己的目的。这三种人生观都是我们该反对的。

少年中国的人生观，依我个人看来，该有下列的几种要素：第一须有批评的精神。一切习惯、风俗、制度的改良，都起于一点批评的眼光；个人的行为和社会的习俗，都最容易陷入机械的习惯，到了“机械的习惯”的时代，样样事都不知不觉的做去，全不理会何以要这样做，只晓得人家都这样做故我也这样做，这样的个人便成了无意识的两脚机器，这样的社会便成了无生气的守旧社会，我们如果发愿要造成少年的中国，第一步便须有一种批评的精神；批评的精神不是别的，就是随时随地都要问我为什么要这样做？为什么不那样做？（《少年中国之精神》）

少年的精神，是和享乐安逸挥手道别的。是多问几个为什么，用自我的意识来主导命运！

## 怀疑的态度

一、怀疑。第一点是怀疑。三个弗相信的态度，人生问题就很多。有了怀疑的态度，就不会上当。

二、事实。我们要实事求是，现在像贴贴标语，什么“打倒田中义一”等，都仅务虚名，像豆腐店里生意不好，看看“对我生财”泄闷一样。又像是以前的画符，一画符病就好的思想。贴了“打倒帝国主义”，帝国主义就真个打倒了么？这不对，我们应做切实的工作，奋力的做去。

三、证据。怀疑以后，相信总要相信，但是相信的条件，就是“拿凭据来”。有了这一句，论理学诸书，都可以不读。赫胥黎的儿子死了以后，宗教家去劝他信教，但是他很坚决的说，“拿有上帝的证据来。”有了这种态度，就不会上当。（《科学的人生观》）

（1）宇宙及其中一切万物的运行变化皆是自然的，自己如此的，用不着什么超自然的主宰或造物者。

（2）生物界的生存竞争的惨酷与浪费，使我们明白那仁爱慈祥的主宰是不会有的。

（3）人不过是动物的一种，死后是要腐烂朽灭的，朽灭是自然的现象，不足使我们烦心。我们则应该努力做我们能做的事业，建造我们人世的乐国，不必去谋死后的净土天堂。

这种新的理性主义的根本态度是怀疑：他要人疑而后信。他的武器是“拿证据来”。（《今日教会教育的难关》）

爱迪生说：“不下决心培养思考习惯的人，便失去了生活中最大的乐趣。”

## 新的信仰

科学之最精神的处所，是抱定怀疑的态度；对于一切事物，都敢于怀疑，凡无真凭确据的，都不相信。这种态度虽然是消极的，然而有很大的功劳，因为这态度可以使我们不为迷信与威权的奴隶。怀疑的态度是建设的，创造的，是寻求真理的惟一途径。怀疑的目的，是要胜过疑惑，而建立一个新的信仰。（《东西文化之比较》）

从阅读中思考，从论辩中辨别，从生活中体味。独立思考的精神沉淀在我们的人生中，像呼吸一样如影随形。

## 人生的锚

平民主义的教育的第一个条件，就是要使少年人能自己用他的思想力，把经验得来的意思和观念一个个的实地证验，对于一切制度习俗都能存一个疑问的态度……不要把人家的思想糊里糊涂认作自己的思想。（《杜威的教育哲学》）

敢于怀疑是可贵的科学精神，而笃信不疑则是必需的人文精神。正是这信与疑，让我们的心在横流的物欲中笃定安详。

## 与问题同行

问题是一切知识学问的来源，活的学问、活的知识，都是为了解答实际上的困难，或理论上的困难而得来的。

年轻入世的时候，总得有一个两个不大容易解决的问题在脑子里，时时向你挑战，时时笑你不能对付他，不能奈何他，时时引诱你去想他。

只要你有问题跟着你，你就不会懒惰了，你就会继续有知识上的长进了。

学堂里的书，你带不走，仪器，你带不走；先生，他们不能跟你去，但是问题可以跟你走到天边！有了问题，没有书，你自会省吃省穿去买书；没有仪器，你自会卖田卖地去买仪器！没有好先生，你自会找好师友；没有资料，你自会上天下地去找资料。

各位青年朋友，你今天离开学校，夹袋里准备了几个问题跟着你走？（《一个防身药方的三味药》）

莎翁名剧《安东尼与克里奥佩特拉》有言："年龄的增长虽然改不掉我的愚蠢，却能去掉我轻信人言的稚气。"

## 孙竞存，杨天择，胡适之

《天演论》出版之后，不上几年，便风行全国，竟做了中学生的读物了。读这书的人，很少能了解赫胥黎在科学史和思想史上的贡献。他们能了解的只是那“优胜劣败”的公式在国际政治上的意义。在中国屡次战败之后，在庚子、辛丑大耻辱之后，这个“优胜劣败，适者生存”的公式确是一种当头棒喝，给了无数人一种绝大的刺激。几年之中，这种思想像野火一样，延烧着许多少年人的心和血。“天演”、“物竞”、“淘汰”、“天择”等等术语，都渐渐成了报纸文章的熟语，渐渐成了一班爱国志士的“口头禅”。还有许多人爱用这种名词做自己或儿女的名字。陈炯明不是号竞存吗？我有两个同学，一个叫孙竞存，一个叫杨天择。我自己的名字也是这种风气底下的纪念品。我在学堂里的名字是胡洪骍。有一天的早晨，我请我二哥代我想一个表字，二哥一面洗脸，一面说：“就用‘物竞天择，适者生存’的‘适’字，好不好？”我很高兴，就用“适之”二字（二哥字绍之，三哥字振之）。后来我发表文字，偶然

用“胡适”作笔名，直到考试留美官费时（1910）我才正式用胡适的名字。（《四十自述——在上海》）

进化论意义上的达尔文主义固然是摆事实、讲道理的典范，但社会达尔文主义却恰恰相反，它崇尚的是力量和强权，是要在人类社会中推行丛林法则。就连《天演论》一书的译者严复也对此进行了激烈批评：“亲视支那七年之民国，与欧罗巴四年亘古未有之血战，觉彼族三百年之进化，只做到‘利己杀人寡廉鲜耻’八个字。”

这样的主义当然是胡适无法，也无心去“适应”的。他在1914年12月12日的日记中说：“今之持强权之说者，以为此天演公理也。不知‘天择’之上尚有‘人择’。天地不仁，故弱肉为强食。而人择则不然。人也者，可以胜天者也……根本之计奈何？兴吾教育，开吾地藏，进吾文明，治吾内政：此对内之道也。对外则力持人道主义，以个人名义兼以国家名义力斥西方强权主义之非人道，非耶教之道……国际道德进化，则世界始可谓真进化，而吾国始真能享和平之福耳。”

## 总要在社会上常常尽力

梁先生的文章，明白晓畅之中，带着浓挚的热情，使读的人不能不跟着他走，不能不跟着他想。有时候，我们跟他走到一点上，还想往前走，他却打住了，或是换了方向走了。在这种时候，我们不免感觉一点失望。但这种失望也正是他的大恩惠。因为他尽了他的能力，把我们带到了一个境界，原指望我们感觉不满足，原指望我们更朝前走。跟着他走，我们固然得感谢他；他引起了我们的好奇心，指着一个未知的世界叫我们自己去探寻，我们更得感谢他。

我个人受了梁先生无穷的恩惠。现在追想起来，有两点最分明。第一是他的《新民说》，第二是他的《中国学术思想变迁之大势》。梁先生自号“中国之新民”，又号“新民子”，他的杂志也叫做《新民丛报》，可见他的全部心思贯注在这一点。“新民”的意义是要改造中国的民族，要把这老大的病夫民族，改造成一个新鲜活泼的民族。（《四十自述——在上海》）

梁启超的人生追求很简单——“总要在社会上常常尽力”。他的政治生涯并不成功，学术做的也不是最好，但他的人生却是伟大的。唐蟒有挽联评价道：“开中国风气之先，文化革新，论功不在孙（中山）黄（兴）后。”梁漱溟《纪念梁任公先生》中说：“总论任公先生一生成就，不在学术，不在事功，独在他迎接新世运，开出新潮流，撼动全国人心，达成历史上中国社会应有之一段转变。”简而言之，他的伟大，在于其人生境界，“凡任天下事者，宜自求为陈胜、吴广，无自求为汉高”（《与严幼陵先生书》），没有私心，不求功自己出；眼光长远，甘为他人作铺垫。

这正是先圣所谓“知其不可而为之”，是胡适所言“成功不必在我，而功力必不唐捐”。这个朴素的追求应该成为某种永恒的时代精神。

## 破坏亦破坏，不破坏，亦破坏！

我们在那个时代读这样的文字，没有一个人不受他的震荡感动的。他在那个时代（我那时读的是他在壬寅癸卯做的文字）主张最激烈，态度最鲜明，感人的力量也最深刻。他很明白的提出一个革命的口号：

破坏亦破坏，不破坏，亦破坏！

后来他虽然不坚持这个态度了，而许多少年人却冲上前去，不肯缩回来了。

《新民说》的最大贡献在于指出中国民族缺乏西洋民族的许多美德。

他指出我们所最缺乏而最须采补的是公德，是国家思想，是进取冒险，是权利思想，是自由，是自治，是进步，是自尊，是合群，是生利的能力，是毅力，是义务思想，是尚武，是私德，是政治能力。他在这十几篇文字里，抱着满腔的血诚，怀着无限的信心，用他那支“笔锋常带情感”的健笔，指挥那无数的历史例证，组织成那些能使人鼓舞，使人掉泪，使人感激奋发的文章。其中如《论毅力》等篇，我在二十五年后重读，还

感觉到他的魔力。何况在我十几岁最容易受感动的时期呢？（《四十自述——在上海》）

不破不立。任何有意义有价值的创造都源于这样一种激情。

## 绝对真理都是忽悠人的

陈独秀在《新青年》上答我道：……我当时看了就觉得这是很武断的态度。现在在四十多年之后，我还忘不了独秀这一句话，我还觉得这种“必以吾辈所主张者为绝对之是”的态度是很不容忍的态度，是最容易引起别人的恶感，是最容易引起反对的。

我曾说过，我应该用容忍的态度来报答社会对我的容忍。我现在常常想我们还得戒律自己：我们若想别人容忍谅解我们的见解，我们必须先养成能够容忍谅解别人的见解的度量。至少我们应该戒约自己决不可“以吾辈所主张者为绝对之是”。我们受过实验主义的训练的人，本来就不承认有“绝对之是”，更不可以“以吾辈所主张者为绝对之是”。（《容忍与自由》）

彼之砒霜，吾之蜜糖。有人求而不得，有人弃若敝屣。这世界上，万物百态，亦是亦非，没有绝对的真理。

## 把人当人

仁就是做人。用那理想境界的人做人生的目标，这就是孔子的最博大又最平实的教义。我们看他的大弟子曾参说的话：

士不可以不弘毅：任重而道远。仁以为己任，不亦重乎？死而后已，不亦远乎？

“仁以为己任”，就是把整个人类看作自己的责任。耶稣在山上，看见民众纷纷到来，他很感动，说道：“收成是好的，可惜做工的人太少了。”曾子说的“任重而道远”，正是同样的感慨。

从一个亡国民族的教士阶级，变到调和三代文化的师儒；用“吾从周”的博大精神，担起了“仁以为己任”的绝大使命——这是孔子的新儒教。（《说儒》）

什么是“仁”？也许还有更“博大”也更“平实”的解读：仁，从人从二（许慎），也就是要把人当人，首先把自己当人，然后把别人当人。为什么要把别人也当人？孔子说是因为“爱”。

把人当人，爱自己，也爱别人，像爱自己一样爱别人。这样一份担当，的确“任重而道远”。

## 真正的人生智慧

固然，真理是无穷的，物质上的享受是无穷的，新器械的发明是无穷的，社会制度的改善是无穷的。但格一物有一物的愉快，革新一器有一器的满足，改良一种制度有一种制度的满意。今日不能成功的，明日明年可以成功；前人失败的，后人可以继续助成。尽一分力便有一分的满意；无穷的进境上，步步都可以给努力的人充分的愉快。所以大诗人邓内孙（Tennyson）借古英雄的Ulysses的口气歌唱道：然而人的阅历就像一座穹门，从那里露出那不曾走过的世界。越走越远，永望不到他的尽头。半路上不干了，多么沉闷呵！明晃晃的快刀为什么甘心上锈？难道留得一口气就算得生活了？……朋友们，来罢！去寻一个更新的世界是不会太晚的。用掉的精力固然不回来了，剩下的还不少呢。

现在虽然不是从前那样掀天动地的身手了，然而我们毕竟还是我们，——光阴与命运颓唐了几分壮志！终止不住那不老的雄心，去努力，去探寻，去发现，永不退让，不屈伏。（《我们对待西洋近代文明的态度》）

也许，深刻地理解人生的虚无却拒绝堕入虚无，这才是更需要勇气的人生，也是更智慧的人生。

## 真的个性

假的个人主义——就是为我主义（Egoism）。他的性质是自私自利：只顾自己的利益，不管群众的利益。真的个人主义——就是个性主义（Individuality）。他的特性有两种：一是独立思想，不肯把别人的耳朵当耳朵，不肯把别人的眼睛当眼睛，不肯把别人的脑力当自己的脑力；第二就是责任感，个人对于自己思想信仰的结果要负完全责任，不怕权威，不怕监禁杀身，只认得真理，不认得个人的利害。（《非个人主义的新生活》）

言语激烈、特立独行也许只是偏狭和自私，真的个性是理性、建设性！

## 无法逃避的人生

……他们的理想生活是悬想的，渺茫的出世生活……他们厌恶这污浊的社会，故实行他们理想中梅妻鹤子，渔蓑钓艇的洁净生活。

……

这种新村的运动有什么可以反对的地方呢？

第一，因为这种生活是避世的，是避开现社会的。这就是让步，这便不是奋斗。我们自然不应该提倡“暴力”，但是非暴力的奋斗是不可少的。我并不是说武者先生一班人没有奋斗的精神。他们在日本能提倡反对暴力的论调，——如《一个青年的梦》——自然是有奋斗精神的。但是他们的新村计划想避开现社会里“奋斗的生活”，去寻那现社会外“生活的奋斗”，这便是一大让步。武者先生的《一个青年的梦》里的主人翁最后有几句话，很可玩味。他说：

……请宽恕我的无力。——宽恕我的话的无力。但我心里所有的对于美丽的国的仰慕，却要请诸君体察的。……

我们对于日向的新村应该作如此观察。

第二，在古代这种独善主义还有存在的理由；在现代，我们就不该崇拜他了。古代的人不知道个人有多大的势力，故孟轲说：“穷则独善其身，达则兼善天下。”古人总想，改良社会是以后的事业，是得君行道以后的事业；故承认个人——穷的个人只能做独善的事业，不配做兼善的事业。古人错了，现在我们承认个人有许多事业可做。人人都是一个无冠的帝王，人人都可以做一些改良社会的事。去年的五四运动和六三运动，何尝是“得君行道”的人做出来的？知道个人可以做事，知道有组织的个人更可以做事，便可以知道这种个人主义的独善生活是不值得模仿的了。（《非个人主义的新生活》）

你在哪儿，人生就在哪儿，又该如何逃避？既然无处可逃，不如直面这只来一次的人生。

换个角度看，一个良好的社会生态，既是权利，也是义务。想要“行权”，请先尽义务。

## 什么是好的公共生活

现在我且简单说明我所主张的“非个人主义的”新生活是什么。这种生活是一种“社会的新生活”；是站在这个现社会里奋斗的生活；是霸占住这个社会来改造这个社会的新生活。他的根本观念有三条：

一、社会是种种势力造成的，改造社会须要改造社会的种种势力。这种改造一定是零碎的改造，——一点一滴的改造，一尺一步的改造。无论你的志愿如何宏大，理想如何彻底，计划如何伟大，你总不能笼统的改造，你总不能不做这种“得寸进寸，得尺进尺”的工夫。所以我说：社会的改造是这种制度那种制度的改造，是这种思想那种思想的改造，是这个家庭那个家庭的改造，是这个学堂那个学堂的改造。

二、因为要做一点一滴的改造，故有志做改造事业的人必须要时时刻刻存研究的态度，做切实的调查，下精细的考虑，提出大胆的假设，寻出实验的证明。这种新生活是研究人的生活，是随时随地解决具体问题的生活。具体的问题多解决了一个，便是社会的改造进了那么多一步。做这种生活的人要睁开眼睛，公开心胸；要手足灵敏，耳目聪明，心思活泼；要欢迎事实，要不怕事实；要爱问题，要不怕问题的逼人！

三、这种生活是要奋斗的，那避世的独善主义是与人无忤，与世无争的，故不必奋斗。这种新生活，到处翻出不中听的事实，到处提出不中听的问题，自然是很讨人厌的，是一定要招起反对的。反对就是兴趣的表示，就是注意的表示。我们对于反对的旧势力，应该作正当的奋斗，不可退缩。我们的方针是：奋斗的结果，要使社会的旧势力不能不让我们；切不可先就偃旗息鼓退出现社会去，把这个社会双手让给旧势力。换句话说，应该使旧社会变成新社会，使旧村变为新村，使旧生活变为新生活。（《非个人主义的新生活》）

所谓非个人主义的新生活，大概就是健康、有序而又自由的公共生活。而自由，总是一个人一个人拼出来的，一件事一件事争出来的。

什么是好的公共生活？也许正如一本同名著作的导读所言：它的伦理导向是鼓励美德，它的价值内涵是维护尊严，它的理智状态是推崇真实，它的智慧传统是接受教训。匮缺这些条件不是放弃和绝望的理由，因为所有这些幸福因素都不是命运的安排，只要我们愿意，都是可以习得的。

## 留学生的天职

留学生者，篙师也，舵工也。乘风而来，张帆而渡。及于彼岸，乃采三山之神药，乞医国之金丹，然后扬帆而归，载宝而返。其责任所在，将令携来甘露，遍洒神州；海外灵芝，遍栽祖国；以他人之所长，被我所不足，庶令吾国古文明，得新生机而益发扬光大，为神州造一新旧泯合之新文明，此过渡时代人物之天职也。（《非留学篇》）

于是星夜而归，探囊出羊皮之纸，投刺作学士之衔，可以猎取功名富贵之荣，车马妻妾之奉矣。嗟夫，持此道而留学，则虽有吾国学子充塞欧美之大学，于吾国学术文明更何补哉！更何补哉！吾故曰：留学者过渡之舟楫，而非敲门之砖也。

要而言之，则一国之派遣留学，当以输入新思想为己国造新文明为目的。浅而言之，则留学之目的在于使后来学子可不必留学，而可收留学之效。是故留学之政策，必以不留学为目的。此目的一日未达，则留学之政策，

一日不得而收效也。（《非留学篇》）

留学的真正目的在于吸纳异质文化的精华以为己用。在这一点上，胡适是身体力行的。

## 用脚投票的蝙蝠

吾以为留学生而不讲习祖国文字，不知祖国学术文明，其流弊有二：

（一）无自尊心。英人褒克有言曰：人之爱国，必其国有可爱者存耳。今吾国留学生，乃不知其国古代文化之发达，文学之优美，历史之光荣，民俗之敦厚，一入他国，目眩于其物质文明之进步，则惊叹颠倒，以为吾国视此真有天堂地狱之别。于是由惊叹而艳羡，由艳羡而鄙弃故国，而出主入奴之势成矣。于是人之唾余，都成珠玉，人之瓦砾，都成琼瑶。及其归也，遂欲举吾国数千年之礼教文字风节俗尚，一扫而空之，以为不如是不足以言改革也。有西人久居中国，归而著书曰：今中国少年所持政策，乃趸卖批发之政策也。斯言也，恶谑欤？确论欤？

（二）不能输入文明。祖国文字，乃留学生传播文明之利器，吾所谓帆舵篙橹者是也。今之不能汉文之留学生，既不能以国文教授，又不能以国语著书，则其所学，虽极高深精微，于莽莽国人，有何益乎？其影响所及，终不能出于一课堂之外也。即如严几道之哲学，吾不知其潜深，然吾国今日学子，人人能言名学群学之大旨，物竞天择之微言也，伊谁之力欤？伊谁之力欤？又吾国晚近思想革命，政治革命，其主动力，多出于东洋留学生，而西洋留学生寂然无闻焉，其故非东洋学生之学问高于西洋学生也，乃东洋留学生之能著书立说者之功耳。使吾国之留学生，人人皆如邝富灼、李登辉，则吾国之思想政治必与二十年前丝毫无易，此可断言者也。（《非留学篇》）

昔之留学也好，今之移民也罢，任谁都可以用脚投票，但文化的根脉却不是任谁想断就能断的。最尴尬的情况是，这边厢自欺欺人断了根脉，那边厢总被主流排除在外，沦落成一只“蝙蝠”。

事实上，我们对传统文化了解愈少，对西方文化膜拜愈甚，改造文明的努力就愈无成功的希望。

## 要知此事须躬行

学校应该研究学生团体的组织法，指出他们的缺陷，引导他们改善组织，使多数学生能参加有组织的训练的团体生活，养成政治生活必需的组织能力。（《论学潮》）

学生自治是道德教育的一个重要方法。（《在清华学校学生自治会的演讲》）

胡适提倡的学生自治，从他自己的求学与人生经历而来：即培养未来公民。现在的教育体系，都好比是教给学生很多游泳知识，可如果从来没有扑通一声跳进水里，再多的知识也派不上用场。

## 学生运动的贡献

这一年的学生运动，从远大的观点看起来，自然是几十年来的一件大事。从这里面发出来的好效果，自然也不少；引起学生的自动的精神，是一件；引起学生对于社会国家的兴趣，是二件；引出学生的作文演说的能力，组织的能力，办事的能力，是三件；使学生增加团体生活的经验，是四件；引起许多学生求知识的欲望，是五件；这都是旧日的课堂生活所不能产生的，我们不能不认为学生运动的重要的贡献。（《我们对于学生的希望》）

知行合一，正是教育的宗旨。

## 培养学习能力

灌进去的知识学问是没有多大用处的。真正可靠的学问都是从自修得来的。自修的能力是求学问的惟一条件。不养成自修的能力，决不能求学问。自修应注重的事是：（一）看书的能力，（二）要求学校购备参考书报，如大字典、词典、重要的大部书之类，（三）结合同学多买书报，交换阅看，（四）要求教员指导自修的门径和自修的方法。（《我们对于学生的希望》）

学习能力是一切能力中最基础也最重要的。

## 人人要负起责任

人人要负责任，天下有许多事都是不肯负责任的“好人”弄坏的。好人坐在家里叹气，坏人在议场做戏，天下事所以败坏了。不肯出头负责任的人，便是团体的罪人，便不配做民治国家的国民。（《我们对于学生的希望》）

吴又陵先生是中国思想界的一个清道夫。……因此，他发愤做一个清道夫，常常挑着一担辛辛苦苦挑来的水，一勺一勺的洒向那孔尘迷漫的大街上。他洒他的水，不但拿不着工钱，还时时被那无数吃惯孔尘的老头子们跳着脚痛骂，怪他不识货，怪他不认得这种孔渣孔滓的美味，怪他挑着水拿着勺子在大路上妨碍行人！他们常常用石头掷他，他们哭求那些吃孔尘羹饭的大人老爷们，禁止他挑水，禁止他清道。但他毫不在意，他仍旧做他清道的事。有时候，他洒的疲乏了，失望了，忽然远远的觑见那望不尽头的大路的那一头好像也有几个人在那里洒水清道，他的心里又高兴起来

了，他的精神又鼓舞起来了。于是他仍旧挑了水来，一勺一勺的洒向那旋洒旋干的长街上去。（《吴虞文录》序）

责任意识是现代公民的基本素养，也是胡适注重大学“学生自治”道德上的立足点。

第二章

# 真理在澡盆里，也在人心里

胡适在美国哥伦比亚大学研读期间，师从约翰·杜威，终生信服并践行实用主义（pragmatism，胡适自译为实验主义）哲学。北大学生对教师素来挑剔，北京大学学生顾颉刚介绍傅斯年去听胡适上课，以决定要不要将这个新来的留学生从北大哲学系赶走。傅斯年听了几次课以后，评价胡适道："这个人，书虽然读得不多，但他走的这一条路是对的，你们不能闹。"于是胡适开始了他在古老华夏土地上的实用主义哲学尝试。

站在中西文化的分水岭上，胡适试图用科学和理性的精神再造中华文明。他曾尖锐地指出："求知是人类天生的一种精神上的最大要求。东方的旧文明对于这个要求，不但不想满足他，并且常想裁制他，断绝他。所以东方古圣人劝人要'无知'，要'绝圣弃智'，要'断思惟'，要'不识不知，顺帝之则'。这是畏难，这是懒惰。这种文明，还能自夸可以满足心灵上的要求吗？""东方的懒人又说：'真理是无穷尽的，人的求知的欲望如何能满足呢？'诚然，真理是发现不完的。但科学决不因此而退缩。科学家明知真理无穷，知识无穷，但他们仍然有他们的满足：进一寸有一寸的愉快，进一尺有一尺的满足。二千多年前，一个希腊哲人思索一个难题，想不出道理来；有一天，他跳进浴盆去洗澡，水涨起来，他忽然明白了，他高兴极了，赤裸裸地跑出门去，在街上乱嚷道，'我寻着了！我寻着了！'（Eureka！ Eureka！）这是科学家的满足。这种心灵上的快乐是东方的懒圣人所梦想不到的。"

当然，在今天看来，科学固然重要，但科学并不能给人终极的安慰。西方文明向来由"双希"精神支撑，除了源自希腊的理性精神，还有源自希伯来的宗教关怀。所以老子所谓绝圣弃智，无非是让人抛弃机心，复归赤子之心，要弃绝的恰恰是人类无休止地向外求取的欲望。真理是必须追求的，但有时候不妨在澡盆中追求，有时候却应在人心中追求。人类的可持续发展也许正有赖于东西方文化的互补互融——而前提是，我们明白自己的传统中什么是真正有价值的，什么又该是与时俱进的。

回头看胡适当年的批评，"哀其不幸，怒其不争"的心态跃然纸上。他曾在给友人的信中坦承："民族抬头，我岂不想？"而"我们今日所以不能抬头，当然是因为祖宗罪孽深重。我深信救国之法在于深自谴责，深自愧耻。自责的结果，也许有一个深自振聋发聩而湔除旧污，创造新国的日子”。他还向通信对方剖白：“请你注意我们提倡自责的人并非不爱国，也并非反民族主义者。我们只不是狭义的民族主义者而已。我们正因为爱国太深，故决心为她作诤臣，作诤友，而不敢也不忍为她讳疾忌医，作她的佞臣损友。”

不破不立，破除是为了建立！终其一生，胡适都在做改造旧文明的尝试。他对青年的勉励，也是对自我精神的鼓舞：“无论你的志愿如何宏大，理想如何彻底，计划如何伟大，你总不能笼统的改造，你总不能不做这种‘得寸进寸，得尺进尺’的工夫。所以我说：社会的改造是这种制度那种制度的改造，是这种思想那种思想的改造，是这个家庭那个家庭的改造。……这种新生活是研究人的生活，是随时随地解决具体问题的生活。具体的问题多解决了一个，便是社会的改造进了那么多一步。做这种生活的人要睁开眼睛，公开心胸；要手足灵敏，耳目聪明，心思活泼；要欢迎事实，要不怕事实；要爱问题，要不怕问题的逼人！”

在他的墓志铭上，知名学者毛子水写道：“这是胡适先生的墓……这个为学术和文化的进步，为思想和言论的自由，为民族的尊荣，为人类的幸福而苦心焦思，敝精劳神以致身死的人，现在在这里安息了！我们相信形骸终要化灭，陵谷也会变易，但现在墓中这位哲人所给予世界的光明，将永远存在。”

## 理想照进现实

而东方文明的罪孽就在于提出了很多理想，却没有办法好好地实现。比如“忠孝仁爱信义和平”等等并不是维系并且引导我们民族向上的固有文化，他们不过是人类共有的几个理想，如果没有作法，没有热力，只是一些空名词而已。这些好名词的存在并不曾挽救或阻止“八股，小脚，太监，姨太太，贞节牌坊，地狱的监牢，夹棍板子的法庭”的存在。这些八股，小脚，……等等“固有文化”的崩溃，也全不是程颢，朱熹，顾亭林，戴东原……等等圣贤的功绩，乃是“与欧美文化接触”之后，那科学工业造成的新文化叫我们相形之下太难堪了，这些东方文明的罪孽方才逐渐崩溃的。（《再论信心与反省》）

儒家（原典或曰本质）其实绝不仅仅是静观的文化，而是行动的道德；绝不仅仅是修行个人操守，更追求经世济民。它提倡思考，也提倡勤奋、努力与践行；它希望以推己及人的爱，以和而不同的自持与宽容来建立社会秩序；更追求用“知其不可而为之”的担当来介入社会生活，调整政治生态。也许这些素质正是我们当下应该真正继承并在践行中去发扬光大的“东方文明”吧。

## 独立的人格

“名”是表物性的，“分”是表我的态度的。善名便引起我爱敬的态度，恶名便引起我厌恨的态度。这叫做“名分”的哲学。“名教”“礼教”便建筑在这种哲学的基础之上。一块石头，变作了贞节牌坊，便可以引无数青年妇女牺牲她们的青春与生命去博礼教先生的一篇铭赞，或志书“列女”门里的一个名字。“贞节”是“名”，羡慕而情愿牺牲，便是“分”。女子的脚裹小了，男子赞为“美”，诗人说是“三寸金莲”，于是几万万的妇女便拼命裹小脚了。“美”与“金莲”是“名”，羡慕而情愿吃苦牺牲，便是“分”。现在人说小脚“不美”，又“不人道”，名变了，分也变了，于是小脚的女子也得塞棉花，充天脚了。（《名教》）

胡适最希望国人拥有的莫过于自由意志与独立人格，而所谓独立人格，正和独立思考互为表里。没有独立的人格，当然无法形成独立思考的能力；而没有独立的思考，便也无从锻造健康独立的人格。

## 孔子的人格

“儒”本来是亡国遗民的宗教，所以富有亡国遗民柔顺以取容的人生观，所以“儒”的古训为柔懦。到了孔子，他对自己有绝大信心。而且对他领导的文化教育运动也有绝大信心，他又认清了那六百年殷周民族同化的历史实在是东部古文化同化了西周新民族的历史，——西周民族的新建设也都建立在那“周围于殷礼”的基础之上——所以他自己没有那种亡国遗民的柔逊取容的心理。“士不可以不弘毅：任重而道远”，这是这个新运动的新精神，不是那个“一命而偻，再命而伛，三命而俯”的柔道所能包涵的了。孔子说：志士仁人，无求生以害仁，有杀身以成仁。他的弟子子贡问他：伯夷、叔齐饿死在首阳山下，怨不怨呢？孔子答道：求仁而得仁，又何怨？这都不是柔道的人生哲学了。这里所谓“仁”，无疑的，就是做人之道。孟子引孔子的话道：志士不忘在沟壑，勇士不忘丧其元。孔子自己的人格就是这种弘毅的人格。（《说儒》）

所谓天行健，君子以自强不息，儒家精神的基本取向是积极进取的。

对于个体而言，孔子认为，人类的目的、价值与自由意志都体现在对道德生活的追寻中。道德的生活，便是天地运行的法则，所以“仁”，既是天道，也是人心——人类无需对什么超越的存在顶礼膜拜，更无需担心此生与肉身的朽坏，人类自己已足够强大，只要努力提升修养，便终将与天地同侪。

对于社会而言，孔子强调宽广与坚忍（弘毅），责任与担当（任重道远），虽然他有时候也发个小牢骚，说“道不行，乘桴浮于海”，但毕竟“知其不可而为之”才是他的思想主流，才更值得世人铭记。就这个角度而言，入世干预、积极努力，永远是值得提倡的精神，永远是人生在世的立身之本——无论在胡适所处的时代，还是当下的中国社会。

## 没有绝对的主义，只有绝对的“怀疑”主义

> 一切主义，一切学理，都该研究……只可用作启发心思的工具，切不可用作蒙蔽聪明，停止思想的绝对真理。如此方才可以渐渐养成人类的创造的思想力，方才可以渐渐使人类有解决具体问题的能力，方才可以渐渐解放人类对于抽象名词的迷信。
>
> ……
>
> 请大家记得：人同畜生的分别，就在这个“为什么”上。（《介绍我自己的思想》）

没有绝对的主义，只有绝对的“怀疑”主义。这就是胡适“多研究些问题，少谈些主义”的真谛。

## 道德是种兴趣

西洋论道德的，还有一个很严的区别，就是责任心和兴趣的区别。偏重责任心的人，说，你“应该”如此做。不管你是否愿意，你总得如此做。

兴趣并不是自私自利，不过是把我自己和所作的事看作一件事；换句话说，兴趣即是把所做的事认作我自己的活动的一部分。

职务，只是“执事者各司其事”。兴趣即是把所要做的事认作自己的事。仔细看来，兴趣不但和责任心没有冲突，并且可以补助责任心。没有兴趣的责任，如囚犯作苦工，决不能真有责任心。况且责任是死的，兴趣是活的。兴趣的发生，即是新能力发生的表示，即是新活动的起点。即如上文所说的医生，他初行医的时候，他的责任只在替人医病，并不会想到鼠疫的事。后来鼠疫发生了，他若是觉得他的兴趣只在平常的医病，他决不会去冒险做疫区救济的事。他所以肯冒传染的危险，正为他此时发生一种新兴趣，把疫区的治疗认作他的事业的一部分，故疫区的危险都不怕

了。（《行为道德种种》）

如此看来，真正的道德当然就该是自动自发的“兴趣”，而法律，则是胡适所谓的“责任”吧。

## 培养合作的天性

平民主义的社会是一种股份公司，所以平民主义的教育的第二个条件就是要使人人都有一种同力合作的天性，对于社会的生活和社会的主持都有浓挚的兴趣。（《杜威的教育哲学》）

要合作，就要懂得宽容，懂得尊重，懂得妥协。要懂得权利，以及权利的边界。

## 什么是公民，什么是暴民

容纳反对党的意见，现在学生会议的会场上，对于不肯迎合群众心理的言论，往往有许多威压的表示，这是暴民专制，不是民治精神。民治主义的第一个条件就是要使各方面的意见都可以自由发表。

……

民治主义的第二个条件，是人人要负责任，要尊重自己的主张，要用正当的方法来传播自己的主张。（《我们对于学生的希望》）

伏尔泰说："我不同意你说的话，但我誓死捍卫你说话的权利。"由是乃有言论自由。

## 发愿与践行

世间讲“仁爱”的书，莫过于《华严经》的“净行品”，那一篇妙文教人时时刻刻不可忘了人类的痛苦与缺陷，甚至于大便小便时都要发愿不忘众生：

左右便利，当愿众生，白除污秽，无淫怒痴。

已而就水，当愿众生，向无上道，得出世法。

以水涤秽，当愿众生，具足净忍，毕竟无垢。

以水盥掌，当愿众生，得上妙手，受特佛法。

但是一个和尚的弘愿，究竟能做到多少实际的“仁爱”？回头看看那一心想征服自然的科学救世者，他们发现了一种病菌，制成了一种血清，可以救活无量数的人类，其为“仁爱”，岂不是千万倍的伟大？（《再论信心与反省》）

既有宏愿在胸，更须身体力行。

## 两条不同的路

这老英雄的悲剧，一直到现在，仍是在奋斗中，他是从奋斗中滚爬出来，建设了人的文化，同化了许多蛮族，平了许多外患，同化了非人的文化，从一千徐年奋斗到如今，实在是不易呀！这种的失败，可说是光荣的失败！

在欧洲曾经和我们一样，欧洲过去的光荣，我们都具备着，但是欧洲毕竟是成功，这种原因，我认为我们是比他少了两样东西，就是少了一个大的和附带一个小的，大的是科学，小的是工业。我们素来是缺乏科学，文治教育看得太重，我们现在把孔子和其同时的亚里士多得、柏拉图来比一比，柏拉图是懂得数学的，“不懂数学的不要到他门下来”，亚里士多得同时是研究植物的，孔子较之，却未必然吧？与孟子同时的欧几里得，他的几何至今沿用，孟子未尝能如此吧？在清代讲汉学的时候，虽说是有科学的精神，却非加利略用望远镜看天文，用显微镜看微菌，以及牛顿发明地心吸力可比，所以中西的不同，不自今日始，我们既明白了这个教训，比欧洲所缺乏的是什么？我们知道了，我们的努力就有了目标，我们这老英雄是奋斗的，希望我们以后给他一种奋斗的工具，那末，或者这出悲壮的英雄悲剧，能够成为一纯粹的英雄剧。（《中国历史的一个看法》）

著名的“李约瑟难题”是：为什么近代科学文明没有在中国出现？对这个问题有各种各样的回答，甚至这个问题是否成其为问题也是个问题，盖因文化与文明的发展路径有所不同，每一个民族在当时的自然历史条件下做出了不同的选择。但文化比较的工作仍有其重大的现实意义，比较不是为了厚此薄彼，而是相互借鉴，交流融汇。

## 真正的文明绝不仅仅依靠征服

一面学科学，一面恢复我们固有的文化，还只是张之洞一辈人说的“中学为体，西学为用”的方案。老实说，这条路是走不通的。如果过去的文化是值得恢复的，我们今天不至糟到这步田地了。况且没有那科学工业的现代文化基础，是无法发扬什么文化的“伟大精神”的。忠孝仁爱信义和平是永远存在书本子里的；但是因为我们的祖宗只会把这些好听的名词都写作八股文章，画作太极图，编作理学语录，所以那些好听的名词都不能变成有作法有热心的事实。西洋人跳出了经院时代之后，努力做征服自然的事业，征服了海洋，征服了大地，征服了空气电气，征服了不少的原质，征服了不少的微生物，这都不是什么“保存国粹”发扬固有文化的口号所能包括的工作，然而科学与工业发达的自然结果是提高了人民的生活，提高了人类的幸福，提高了各个参加国家的文化。结果就是吴稚晖先生说的“总和道德叫做高明”。（《再论信心与反省》）

西人所谓“浮士德精神”，一言以蔽之叫做“征服”。征服的文明自有其内在逻辑的难题。中国传统文化的土壤中固然没有生发出科学精神与工具理性，却自有其蔚为大观的“实用理性”与“乐感文化”（李泽厚语）。

李泽厚认为，实用理性“是处理人生的辩证法而不是精确概念的辩证法”，它形塑了中国人的性格：“不狂暴，不玄想，贵领悟，轻逻辑，重经验，好历史，以服务于现实生活、保持现有的有机系统的和谐稳定为目标，珍视人际，讲求关系，反对冒险，轻视创新。”而中国文化的核心特征则是“乐感文化”，这一文化“要求为生命、生存、生活而积极活动，要求在这活动中保持人际的和谐、人与自然的和谐”，“中国哲学正是这样在感性世界、日常生活和人际关系中去寻求道德的本体、理性的把握和精神的超越，体用不二、天人合一、情理交融、主客同构，这就是中国的传统精神，它即是所谓中国的智慧。”

所以胡适所谓“整理国故”仍是有必要的。当然这个整理不是收藏古董，拣选几样年代久远、手感温润、包浆浓郁的玩意儿放在博古架上炫耀；更不是收拾破烂，从各个阴暗的角落里打扫出陈年旧货，然后弃之如敝屣。所谓整理，该是不断交流，不断比较，不断反思，不断践行，不断发扬，最终走上那条最合理也最合适的道路。

# 论“巴别塔”的倒掉

今日还是一个残忍野蛮的中国，所以始终还不曾走上法治的路，更谈不到仁爱和平了。所以我十分诚挚的对全国人说：我们今日还要反省，还要闭门思过，还要认清祖宗和我们自己的罪孽深重，决不是这样浅薄的“与欧美文化接触”就可以脱胎换骨的。我们要认清那个容忍拥戴“小脚，八股，太监，姨太太，骈文，律诗，五世同居的大家庭，贞节牌坊，地狱的监牢，夹棍板子的法庭”到几千几百年之久的固有文化，是不足迷恋的，是不能引我们向上的。那里面浮沉着的几个圣贤豪杰，其中当然有值得我们崇敬的人，但那几十颗星儿终究照不亮那满天的黑暗。我们的光荣的文化不在过去，是在将来，是在那扫清了祖宗的罪孽之后重新改造出来的文化。替祖国消除罪孽，替子孙建立文明，这是我们人人的责任。古代哲人曾参说的最好：士不可以不弘毅，任重而道远。先明白了“任重而道远”的艰难，自然不轻易灰心失望了。凡是轻易灰心失望的人，都只是不曾认清他挑的是一个百斤的重担，走的是一条万里的长路。

今天挑不动，努力磨练了总有挑得起的一天。今天走不完，走得一里前途就缩短了一里。“播了种一定会有收获，用了力决不至于白费”，这是我们最可靠的信心。（《再论信心与反省》）

自巴别塔倒掉之后，人类流布四方，各自寻找自己的道路。如何才能重聚人类的精神与力量，造出通往“大同世界”的通天塔，这是人类所有族群和文明的责任，的确任重而道远，的确不可以不弘毅。而由此观之，中国文化传统中“和”的精神和“士”的担当，又的确是我们“最可靠的信心”，也的确能为人类创造“光荣的未来”。

## 知而不行，只是未知

凡物类与人类，为需要所逼迫，都会创造发明。鸟能筑巢，又能高飞。这都是不知而能行的明证。我们的老祖宗制造豆腐，制造磁器，建筑长城，开辟运河，都是不知而行的明证。西洋人行的越多，知的也越多；知多了，行的也更多。他们越行越知，越知越行。我们却受了暮气的毒，事事畏难，越不行，越不知，越不知，便越不行。（《知难，行亦不易》）

徐爱问他的老师王阳明：世人都知道应该孝顺父母，尊敬兄长，但多半不能孝，不能敬，可见知与行分明是两码事。

王阳明回答："此已被私欲隔断，不是知行的本体了。未有知而不行者。知而不行，只是未知……"

胡适最强调"做事"的文化，在他看来，坐而论道的人其实什么都不知道，更永远无法得道。

## 越行越知，越知越行

行易知难说的根本错误在于把“知”、“行”分的太分明。中山的本意只要教人尊重先知先觉，教人服从领袖者，但他的说话很多语病，不知不觉地把“知”、“行”分做两件事，分作两种人做的两类的事。这是很不幸的。因为绝大部分的知识是不能同“行”分离的，尤其是社会科学的知识。

这绝大部分的知识都是从实际经验（行）上得来：知一点，行一点；行一点，更知一点，——越行越知，越知越行，方才有这点子知识。三家村的豆腐公也不是完全没有知识；他做豆腐的知识比我们大学博士高明的多。建筑高大洋房的工人也不是完全没有知识；他们的本事也是越知越行，越行越知，所以才有巧工巧匠出来。至于社会科学的知识，更是知行分不开的。五权与九权的宪法，都不是学者的抽象理想，都只是某国某民族的实行的经验的结果。政治学者研究的对象只是历史，制度，事实，——都是“行”的成绩。行的成绩便是知，知的作用便是帮助行，指导行，改善行。政治家虽然重在实行，但一个制度或政策的施行，都应该服从专家的指示，根据实际的利弊，随时修正改革，这修正补救便是越行越知，越知越行，便是知行不能分开。（《知难，行亦不易》）

知行合一，是人生与社会进步的唯一方法。

## 自由是一种不被奴役的权利

“自由”在中国古文里的意思是“由于自己”，就是不由于外力，是“自己作主”。在欧洲文字里，“自由”含有“解放”之意，是从外力裁制之下解放出来，才能“自己作主”。在中国古代思想里，“自由”就等于自然，“自然”是“自己如此”，“自由”是“由于自己”，都有不由于外力拘束的意思。陶渊明的诗“久在樊笼里，复得返自然”，这里“自然”二字可以说是完全同“自由”一样。王安石的诗“风吹瓦堕屋，正打破我头……我终不嗔渠，此瓦不自由”。这就是说，这片瓦的行动是被风吹动的，不是由于自己的力量。中国古人太看重“自由”，“自然”的“自”字，所以往往看轻外面的拘束力量，也许是故意看不起外面的压迫，故意回向自己内心去求安慰，求自由。这种回向自己求内心的自由，有几种方式，一种是隐遁的生活——逃避外力的压迫，一种是梦想神仙的生活——行动自由，变化自由——正如庄子说，列子御风而行，还是“有待”，“有待”还不是真自由，最高的生活是事人无待于外，道教的神仙，佛教的西天净土，都含有由自己内心去寻求最高的自由的意义。我们现在讲的“自由”，不是那种内心境界，我们现在说的“自由”，是不受外力拘束压迫的权利。是在某一方面的生活不受外力限制束缚的权利。（《自由主义》）

齐格蒙特·鲍曼说，如今，我们都是“有权利的个体”，但是否拥有权利是一回事，能否实现这权利又是另一回事。所以历史的意义（如果历史有意义的话）也许就在于，人类不仅应该拥有，而且必须争取实现这与生俱来的的权利。这权利不是回向内心“自由”的权利，而是胡适所言“某一方面的生活不受外力拘束压迫限制束缚的权利”，是哈耶克所言不被“奴役”的权利。

## 一粒芥子的权利

在近代民主国家里，容忍反对党，保障少数人的权利，久已成了当然的政治作风，这是近代自由主义里最可爱慕而又最基本的一个方面。我做驻美大使的时期，有一天我到费城去看我的一个史学老师白尔教授，他平生最注意人类争自由的历史，这时候他已八十岁了。他对我说："我年纪越大，越觉得容忍比自由还更重要。"这句话我至今不忘记。容忍比自由更重要。为什么容忍比自由还要要紧呢？因为容忍就是自由的根源，没有容忍，就没有自由可说了。至少在现代，自由的保障全靠一种互相容忍的精神，无论是东风压了西风，是西风压了东风，都是不容忍，都是摧残自由。多数人若不能容忍少数人的思想信仰，少数人当然不会有思想信仰的自由，反过来说，少数人也得容忍多数人的思想信仰，因为少数人要时常怀着"有朝一日权在手，杀尽异教方罢休"的心理，多数人也就不能不行"斩草除根"的算计了。（《自由主义》）

胡适又曾言："甚至于极少数人的信仰与主张，'好像一粒芥子，在各种种子里是顶小的，等到他生长起来，却比各种菜蔬都大，竟成了小树，空中的飞鸟可以来停在他的枝上。'（《新约·马太福音》十四章，圣地的芥菜可以高到十英尺。）人们能这样想，就不能不存容忍别人的态度了，就不能不尊重少数人的基本自由了。"

"和而不同"是真正美好的境界。

## 民主是一种思维方式

这几百年（特别是这一百年）演变出来的民主政治，虽然还不能说是完美无缺陷，确曾养成一种爱自由，容忍异己的文明社会。法国哲人伏尔泰说的最好："你说的话，我一个字也不赞成。但是我要拼命力争你有说这话的权利。"这是多么有人味的容忍态度！自己要争自由，同时还得承认别人也应该享受同等的自由：这便是容忍。自己不信神，要争取自己不信神的自由，但同时也得承认别人真心信神，当然有他信神的自由。如果一个无神论者一旦当权就要禁止一切人信神，那就同中古宗教残杀"异端"一样的不容忍了。宗教信仰如此，其他政治主张、经济理论、社会思想，也都应该如此。（《我们必须选择我们的方向》）

民主不仅仅是一种制度，更是一种思维方式。因为在制度背后，表达了一种思维。它主张个体间自由意志的容忍、妥协，甚至实现双赢。当这成为社会上公有的规则时，就是大家遵循的行为习惯。如果一个社会族群有这样的习惯，这就是他们的"生活方式"。

## 伟大的妥协

自由主义在历史上有解除束缚的作用，故有时不能避免流血的革命，但自由主义的运动，在最近百年中最大成绩，例如英国自从1832年以来的政治革新，直到今日的工党政府，都是不流血的和平革新，所以在许多人的心目中自由主义竟成了“和平改革主义”的别名，有些人反对自由主义，说它是“不革命主义”，也正是如此。我们承认现代的自由主义正应该有“和平改革”的含义，因为在民主政治已上了轨道的国家里，自由与容忍铺下了和平改革的大路，自由主义者也就不觉得有暴力革命的必要了。这最后一点，有许多没有忍耐心的年青人也许听了不满意，他们要“彻底改革”，不要那一点一滴的立法，他们要暴力革命，不要和平演讲。我要很诚恳的指出：近代一百六七十年的历史，很清楚的指示我们，凡主张彻底改革的人，在政治上没有一个不走上绝对专制的路，这是很自然的，只有绝对的专制政权可以铲除一切反对党，消灭一切阻力，也只有绝对的专制政治可以不择手段，不惜代价，用最残酷的方法做到他们认为根本改革的目的。他们不承认他们的见解会有错误，他们也不能承认反对的人会有值得考虑的理由，所以他们绝对不能容忍异己，也绝对不能容许自由的思想与言论。所以我很坦白地说，自由主义为了尊重自由与容忍，当然反对暴力革命，与暴力革命必然引起来的暴力专制政治。（《自由主义》）

美国建国之初的费城会议，在讨论未来国会如何产生代表时出现了最大的僵局。人口少的州希望等额投票，而大州要求按人口比例计票，会议差点因此散伙。美国建国先贤们依靠容忍与理性，最终达成协议，避免了国家分裂，这一幕史称“伟大的妥协”。而这妥协，就是民主性格的起点。

## 容忍比自由更重要

在宗教自由史上，在思想自由史上，在政治自由史上，我们都可以看见容忍的态度是最难得、最稀有的态度。人类的习惯总是喜同而恶异的，总不喜欢和自己不同的信仰、思想、行为。这就是不容忍的根源。不容忍只是不能容忍和我自己不同的新思想和新信仰。一个宗教团体总相信自己的宗教信仰是对的，是不会错的，所以它总相信那些和自己不同的宗教信仰必定是错的，必定是异端，邪教。一个政治团体总相信自己的政治主张是对的，是不会错的，所以它总相信那些和自己不同的政治见解必定是错的，必定是敌人。……试看欧洲的宗教革新运动的历史。马丁·路德（Martin Luther）和约翰·高尔文（John Calvin）等人起来革新宗教，本来是因为他们不满意于罗马旧教的种种不容忍，种种不自由。但是新教在中欧、北欧胜利之后，新教的领袖们又都渐渐走上了不容忍的路上去，也不容许别人起来批评他们的新教条了。高尔文在日内瓦掌握了宗教大权，居然会把一个敢独立思想，敢批评高尔文的教条的学者塞维图斯（Servetus）定了“异端邪说”的罪名，把他用铁链锁在木桩上，堆起柴来，慢慢的活烧死。……这是宗教自由史给我们的教训：容忍是一切自由的根本；没有容忍“异己”的雅量，就不会承认“异己”的宗教信仰可以享受自由。但因为不容忍的态度是基于“我的信念不会错”的心理习惯，所以容忍“异己”是最难得，最不容易养成的雅量。（《自由与容忍》）

哲学家罗素说过：参差百态，乃是幸福的本源。

## 健全的个人主义

自由民主的教育哲学产生了健全的个人主义。个人主义就是将自己看作一个有担子的人，不要忘了自己有使命，有责任。不但孔子如此，孟子也讲得很清楚："富贵不能淫，贫贱不能移，威武不能屈，此之谓大丈夫。"就是说大丈夫的人格要自己感觉到自己有"修己以安人"的使命。再讲到杨朱、庄子所提倡的个人主义，也不过是个人人格的尊严。庄子主要的是说："举世誉之而不加劝；举世非之而不加沮。"这就是最健全的个人主义。老子、庄子都是如此。到了汉朝才有人勉强将他们跟孔、孟分了家，称为道家。秦以前的古书中都没有"道家"这个名字。（哪一位先生能在先秦古书里找到"道家"这个名字的，我愿意罚钱。）所以韩非子在秦末年时说："天下显学二，儒、墨而已。"他只讲到儒、墨，没有提及道家。

杨朱的学说也是个人主义。这个个人主义的趋势是一个了不得的趋势，以健全的民主自由教育哲学作基础，要做到"不降其志，不辱其身"；提倡人格，要挑得起人类的担子，挑得起天下的担子。宁可“杀身以成仁”，不可“求生以害仁”。这个健全的个人主义，是第二个重要的运动。（《中国古代政治思想史的一个新看法》）

胡适是个个人主义者，也是个自由主义者。而他所提倡的个性与自由间，的确存在着某种深刻的内在联系。荣格就曾指出一种值得世人警惕的历史现象，他认为由于社会本身是由丧失了个性的个人所组成的，所以它就不可避免地要乞怜于那些冷酷无情的独裁者。让个体组合成各种集团和各种组织，无异于使个体的个性日益消亡，而正是这种组合以及由此而产生的个性特征的消亡，才使得社会非常容易屈从于一个独裁者的统治。

所以从某种程度而言，所谓健全的个人主义，正是自由的坚实保障。

## 自由绝非天赐

我们谈到古人的人格，往往想到岳飞、文天祥和晚明那些死在廷杖下或天牢里的东林忠臣。我们何不想想这二三十年中为了各种革命慷慨杀身的无数志士！那些年年有特别纪念日追悼的人们，我们姑且不论。我们试想想那些为排满革命而死的许多志士，那些为民十五六年的国民革命而死的无数青年，那些前两年中在上海在长城一带为抗日卫国而死的无数青年，——他们慷慨献身去经营的目标比起东林诸君子的目标来，其伟大真不可比例了。东林诸君子慷慨抗争的是“红丸”、“移宫”、“妖书”等等米米小的问题，而这无数的革命青年慷慨献身去工作的是全民族的解放，整个国家的自由平等，或他们所梦想的全人类社会的自由平等。我们想到了这二十年中为一个主义而从容杀身的无数青年，我们想起了这无数个“杀身成仁”的中国青年，我们不能不低下头来向他们致最深的敬礼；我们不能不颂赞这“最近二十年”是中国史上一个精神人格最崇高，民族自信心最坚强的时代。他们把他们的生命都献给了他们

的国家和他们的主义，天下还有比这更大的信心吗？（《写在孔子诞辰纪念之后》）

太史公云："人固有一死，或重于泰山，或轻于鸿毛。"西方诗人说："生命诚可贵，爱情价更高。若为自由故，两者皆可抛。"可见为人类的自由而献出生命者，才是真正的重于泰山的人格。

## 当心“主义”

第一，空谈好听的“主义”，是极容易的事，是阿猫阿狗都能做到的事，是鹦鹉和留声机器都能做的事。

第二，空谈外来进口的“主义”，是没有什么用处的。一切主义都是某时某地的有心人，对于那时那地的社会需要的救济方法。我们不去实地研究我们现在的社会需要，单会高谈某某主义，好比医生单记得许多汤头歌诀，不去研究病人的症候，如何能有用呢？

第三，偏向纸上的“主义”，是很危险的。这种口头禅很容易被无耻政客利用来做种种害人的事。欧洲政客和资本家利用国家主义的流毒，都是人所共知的。现在中国的政客，又要利用某种主义来欺人。罗兰夫人说，“自由自由，天下多少罪恶，都是借你的名做出的！”一切好听的主义，都有这种危险。

……

“主义”的大危险，就是能使人心满意足，自以为寻着包医百病的“根本解决”，从此用不着费心力去研究这个那个具体问题的解决法子了。（《多研究些问题，少谈些“主义”》）

“主义”的危险在于其好听好记，朗朗上口，在于其走心而不过脑，你还没弄明白（或者压根不打算让你弄明白）这主义究竟打的是什么主意，就已经血脉贲张了。往好了说，这叫别有用心；往坏了想，这就叫包藏祸心。

也许包治各种“主义”病的只有一种主义——胡适所谓“健全的个人主义”。

## 真理在澡盆里，也在人心里

西洋近代文明的精神方面的第一特色是科学。科学的根本精神在于求真理。人生世间，受环境的逼迫，受习惯的支配，受迷信与成见的拘束。只有真理可以使你自由，使你强有力，使你聪明圣智；只有真理可以使你打破你的环境里的一切束缚，使你勘天，使你缩地，使你天不怕，地不怕，堂堂地做一个人。

求知是人类天生的一种精神上的最大要求。东方的旧文明对于这个要求，不但不想满足他，并且常想裁制他，断绝他。所以东方古圣人劝人要“无知”，要“绝圣弃智”要“断思惟”，要“不识不知，顺帝之则。”这是畏难，这是懒惰。这种文明，还能自夸可以满足心灵上的要求吗？

东方的懒人又说：“真理是无穷尽的，人的求知的欲望如何能满足呢？”诚然，真理是发现不完的。但科学决不因此而退缩。科学家明知真理无穷，知识无穷，但他们仍然有他们的满足：进一寸有一寸的愉快，进一尺有一尺的满足。二千多年前，一个希腊哲人思索一个难题，想不出道理来；有一天，他跳进浴盆去洗澡，水涨起来，他忽然明白了，他高兴极了，赤裸裸地跑出门去，在街上乱嚷道，“我寻着了！我寻着了！”（Eureka！ Eureka！）这是科学家的满足。Newton，Pasteur 以至于 Edison 时时有这样的愉快。一点一滴都是进步，一步一步都可以踌躇满志。这种心灵上的快乐是东方的懒圣人所梦想不到的。（《我们对于西洋近代文明的态度》）

科学固然重要，但科学并不能给人终极的安慰。别忘了西方文明向来由“双希”精神支撑，除了源自希腊的理性精神，还有源自希伯来的宗教关怀。

从这个角度而言，老子所谓绝圣弃智，无非是让人抛弃机心，复归赤子之心，要弃绝的恰恰是人类无休止地向外求取的欲望。

真理是必须追求的，但有时候不妨在澡盆中追求，有时候却应在人心中追求。

## “人类以信心为起点，因眼见而得完全”

科学并不菲薄感情上的安慰；科学只要求一切信仰须要禁得起理智的评判，须要有充分的证据。凡没有充分证据的，只可存疑，不足信仰。赫肯黎（Huxley）说的最好：“如果我对于解剖学上或生理学上的一个小小困难，必须要严格的不信任一切没有充分证据的东西，方才可望有成绩，那么，我对于人生的奇秘的解决，难道就可以不用这样严格的条件吗？”这正是十分尊重我们的精神上的要求。我们买一亩田，卖二间屋，尚且要一张契据；关于人生的最高希望的根据，岂可没有证据就胡乱信仰吗？

这种“拿证据来”的态度，可以称为近世宗教的“理智化”。（《我们对于西洋近代文明的态度》）

怀疑当然是一件十分有效的武器，靠着它披荆斩棘，人类在蒙昧的莽林中奋勇前行。可是怀疑毕竟无法充当人类生存的那个真正支点，你若怀疑一切，便只能堕入恐惧和虚无的深渊。因为绝不是每样事情都拿得出绝对确凿的“证据”。理性自有其边界，在那之外，信仰遗世独立。

奥古斯丁在《论信望爱手册》中说道：“就宗教而言，若有人问我们所信的是什么，我们不必像希腊所谓的‘自然科学家’那样探究万物的性质，也不必惟恐基督徒不懂得自然的能量和数量——诸如天体的运行、秩序、圆缺；天空的形态；动植物、石、泉、山川的种类与特性；有关时间与空间的事；风暴将临的预兆；还有哲学家们了解到或自认为了解到的其他诸种事物。那些人被赋予极高的天分，火一般的热忱，足够的闲暇，借助人类的思辨能力，借助历史、经验探索各种事物，尽管如此，他们也只是管中窥豹。即便是他们自诩的‘发现’，也多属猜测而非确知。”

在他看来，理性得以正常运用，不是从怀疑的拒绝态度开始，而是从愿意寻求真理的谦虚的心开始。

“人类以信心为起点，因眼见而得完全。”

是的，也许，只有信心的眼睛才看得见真理！

## 人生的目的

因为贫穷是一桩罪恶，所以要开发富源，奖励生产，改良制造，扩张商业。因为衰病是一桩罪恶，所以要研究医药，提倡卫生，讲求体育，防止传染的疾病，改善人种的遗传。因为人生的目的是求幸福，所以要经营安适的起居，便利的交通，洁净的城市，优美的艺术，安全的社会，清明的政治。纵观西洋近代的一切工艺，科学，法制，固然其中也不少杀人的利器与侵略掠夺的制度，我们终不能不承认那利用厚生的基本精神。（《我们对于西洋近代文明的态度》）

我们坐在人力车上，眼看那些圆颅方趾的同胞努起筋肉，弯着背脊梁，流着血汗，替我们做牛做马，拖我们行远登高，为的是要挣几十个铜子去活命养家，——我们当此时候，不能不感谢那发明蒸汽机的大圣人，不能不感谢那发明电力的大圣人，不能不祝福那制作汽船汽车的大圣人：感谢他们的心思才智节省了人类多少精力，减除了人类多少苦痛！你们嫌我用“圣人”一个字吗？孔夫子不说过吗？“制而用之谓之器。利用出入，民咸用之，谓之神。”孔老先生还嫌“圣”字不够，他简直要尊他们为“神”呢！（《漫游的感想》）

（物质的）发展是人类进步极端重要的手段。幸福才是人类真正的目的和永恒的追求。伊壁鸠鲁说过，当幸福在时，我们便拥有一切，而当幸福不在时，我们便尽力谋求它。

## 在发展中解决问题

这不是什么舶来的“经济史观”，这是平恕的常识。人世的大悲剧是无数的人们终身做血汗的生活，而不能得着最低限度的人生幸福，不能避免冻与饿。人世的更大悲剧是人类的先知先觉者眼看无数人们的冻饿，不能设法增进他们的幸福，却把“乐天”、“安命”、“知足”、“安贫”种种催眠药给他们吃，叫他们自己欺骗自己，安慰自己。西方古代有一则寓言说，狐狸想吃葡萄，葡萄太高了，他吃不着，只好说“我本不爱吃这酸葡萄！”狐狸吃不着甜葡萄，只好说葡萄是酸的；人们享不着物质上的快乐，只好说物质上的享受是不足羡慕的，而贫贱是可以骄人的。这样自欺自慰成了懒惰的风气，又不足为奇了。于是有狂病的人又进一步，索性回过头去，戕贼身体，断臂，绝食，焚身以求那幻想的精神的安慰。从自欺自慰以至于自残自杀，人生观变成了人死观，都是从一条路上来的：这条路就是轻蔑人类的基本的欲望。朝这条路上走，逆天而拂性，必至于养成懒惰的社会，多数人不肯努力以求人生基本欲望的满足，也就不肯进一步以求心灵上与精神上的发展了。

……

东方的文明的最大特色是知足。西洋的近代文明的最大特色是不知足。

知足的东方人自安于简陋的生活，故不求物质享受的提高；自安于愚昧，自安于“不识不知”，故不注意真理的发现与技艺器械的发明；自安于现成的环境与命运，故不想征服自然，只求乐天安命，不想改革制度，只图安分守己，不想革命，只做顺民。（《我们对于西洋近代文明的态度》）

空中楼阁是不存在的。鼓吹这世上真的有空中楼阁是不道德的。

## 因求索而觉醒

为什么要研究问题呢？因为我们的社会现在正当根本动摇的时候，有许多风俗制度，向来不发生问题的，现在因为不能适应时势的需要，不能使人满意，都渐渐的变成困难的问题，不能不彻底研究，不能不考问旧日的解决法是否错误；如果错了，错在什么地方；错误寻出了，可有什么更好的解决方法；有什么方法可以适应现时的要求。（《新思潮的意义》）

我们走遍世界，可曾看见那一个长进的民族，文明的国家，肯这样荒时废业的吗？一个留学日本朋友对我说："日本人的勤苦真不可及！到了晚上，登高一望，家家板屋里都是灯光；灯光之下，不是少年人跪着读书，便是老年人跪着翻书，或是老妇人跪着做活计。到了天明，满街上，满电车上都是上学去的儿童。单只这一点勤苦就可以征服我们了。"

其实何止日本？凡是长进的民族都是这样的。只有咱们这种不长进的民族以"闲"为幸福，以"消闲"为急

务，男人以打麻将为消闲，女人以打麻将为家常，老太婆以打麻将为下半生的大事业！（《漫游的感想》）

真诚的反省自然发生真诚的愧耻。孟子说的好："不耻不若人，何若人有？"真诚的愧耻自然引起向上的努力，要发弘愿努力学人家的好处，铲除自家的罪恶。经过这种反省与忏悔之后，然后可以起新的信心：要信仰我们自己正是拨乱反正的人，这个担子必须我们自己来挑起。三四十年的天足运动已经差不多完全铲除了小脚的风气：从前大脚的女人要装小脚，现在小脚的女人要装大脚了。风气转移的这样快，这不够坚定我们的自信心吗？（《信心与反省》）

危机感、紧迫感、行动力、务实的态度以及做事的文化，这是胡适最强调的精神。无论为人、为学、经邦治国皆是如此。

## 尽一点责任，促一点变化

只争朝夕的去求真理，不一定要成功，因为真理无穷，宇宙无穷；我们去寻求，是尽一点责任，希望在总分上，加上万万分之一。胜固是可喜，败也不足忧。明知赛跑，只有一个人第一，我们还要跑去，不是为我为私，是为大家。发明不是为发财，是为人类。（《打破浪漫病》）

文明不是笼统造成的，是一点一滴的造成的进化，不是一晚上笼统进化的，是一点一滴的进化的。现今的人爱谈“解放与改造”，须知解放不是笼统解放，改造也不是笼统改造。解放是这个那个制度的解放，这种那种思想的解放，这个那个人的解放，是一点一滴的解放。改造是这个那个制度的改造，这种那种思想的改造，这个那个人的改造，是一点一滴的改造。（《新思潮的意义》）

从自己做起，从一点一滴做起，多研究问题，少谈些主义。此即孔子所谓“知其不可而为之”，佛家所谓“我不入地狱，谁入地狱”。

第三章

# 每一个小我都永垂不朽

一个智慧的人，是一个豁达而通透的人。智慧之人，内心喜乐，所谓仁者无忧、智者无惑、勇者无惧，正因其心灵通透、充满光明。

胡适，就是这样一位智者。

他在学术与国事间奔波，他的辛苦旁人不得而知，他的坚持旁人难以理解。汪精卫让他当教育部长他不干，蒋介石让他当考试院长他坚辞不就，而北大和学术，却是他一生心系之所。他一生中有多次做官的机会，只是在抗战时不得已当了驻美大使，卸任后，立刻回到北大进行《水经注》研究。当有人问胡适，如果他真被提名“总统”怎么办，胡适说：“如有人提名，我一定否认；如果当选，我宣布无效。我是个自由主义者，我当然有不当总统的自由。”这是一种智者的本色。

胡适能在乱世以一介书生为错综复杂的各方力量所赞誉，当然极其难得，然而纵观他的处事之道，这却是必然的。他在捍卫自己的观点时，如战士般不可动摇；而更难能可贵的是，呐喊战斗的同时，他一直保持着温润如玉的君子风度，对事不对人。

他桃李满天下，学生都是各个领域首屈一指的人物。他治学严谨，为人却亲切谦和，又慧眼识人，不吝提携。

顾颉刚先生说，他学会的“大胆假设，小心求证”的治学方法，是看胡适的《水浒传考证》看出来的。

梁实秋翻译《莎士比亚全集》，是他文学上“三大功绩”之一，这得益于胡适的提携和帮助。

季羡林虽不是胡适的学生（他的老师是陈寅恪），但精通梵文、巴利文、吐火罗文的他，在归国初期同样受到胡适提携。

林语堂在留学过程中，清政府取消对留学生资助，如果不是靠着胡适的资助，他无法继续国外的学业。等他回国从飞机场下来的时候，口袋里只有一毛钱……

是怎样的人格操守，师德品行，让这些“各领风骚”的一代人物，都尊奉他为老师？

# 认识你自己

晚上我对这种实习起了一种念头：我花了两小时半的时间，究竟是在干什么？中国连苹果种子都没有，我学它什么用处？自己的性情不相近，干吗学这个？这两个半钟头的苹果实习使我改行，于是，决定离开农科，放弃一年半的时间，牺牲了两年的学费，不但节省官费补助家用已不可能，维持学业很困难，以后我改学文科。（《四十自述》）

学校固然不是造人才的惟一地方，但在学生时代的青年却应该充分地利用学校的环境与设备来把自己铸造成个东西。我们须要明白了解：

救国千万事，何一不当为？

而吾性所适，仅有一二宜。

认清了你“性之所近，而力之所能勉”的方向，努力求发展，这便是你对国家应尽的责任，这便是你的救国事业的预备工夫。（《爱国运动与求学》）

阿波罗神庙上刻着一句著名的圣谕：认识你自己。

人生之路虽然漫长，但是多年之后再回望，紧要处就那么几步。

普通人与成功者的区别就在于：前者畏首畏尾，安于现状，不肯轻易追求；成功者却敢于倾听内心的声音，以信念逐梦，及时转换人生之舟的航向。

## 你必须渴望飞翔

社会上需要什么，不要管它，家里的爸爸、妈妈、哥哥、朋友等，要你做律师、做医生，你也不要管他们，不要听他们的话，只要跟着自己的兴趣走。想起当初我哥哥要我学开矿，造铁路，我也没听他的话，自己变来变去变成一个老不成器的人。后来我哥哥也没说什么。只管我自己，别人不要管他。依着“性之所近，力之所能”学下去，其未来对国家的贡献也许比现在盲目所选的或被动选择的学科会大得多，将来前途也是无可限量的。（《大学的生活》）

蛹看见蝴蝶在花丛中飞舞，非常羡慕，就问：“我能不能像你一样在阳光下自由飞翔？”蝴蝶告诉它：“第一，你必须渴望飞翔；第二，你必须有脱离你那非常安全、非常温暖的巢穴的勇气。”蛹又问蝶：“这是不是就意味着死亡？”蝶告诉它：“从蛹的生命意义上说，你已经死亡；从蝶的生命意义上说，你获得了新生。”

## 成见和短见

各位不要有成见，带着近视眼镜来看自己的前途，看自己的将来。听说入学考试时有七十二个志愿可填，这样七十二变，变到最后不知变成了什么，当初所填的志愿，不要当做最后的决定，只当做暂时的方向。要在大学一、二年的时候，东摸摸西摸摸的瞎摸。不要有短见，十八九岁的青年仍没有能力决定自己的前途、职业。进大学后第一年到处去摸、去看，探险去，不知道的我偏要去学。如在中学时候的数学不好，现在我偏要去学，中学时不感兴趣，也许是老师不好。现在去听听最好的教授的讲课，也许会提起你的兴趣。好的先生会指导你走上一个好的方向，第一、二年甚至于第三年还来得及，只要依着自己"性之所近，力之所能"的做去。（《大学的生活》）

巴菲特说："做我们所喜欢的，然后成功就会随之而来。"

## 自在不成人

我们须要认定这个世界是很多危险的，定不太平的，是需要冒险的；世界的缺点很多，是要我们来补救的；世界的痛苦很多，是要我们来减少的；世界的危险很多，是要我们来冒险进取的。俗话说得好："成人不自在，自在不成人。"我们要做一个人，岂可贪图自在；我们要想造一个"少年的中国"，岂可不冒险。（《少年中国之精神》）

风险是生活的必然要素。既然如此，除了冒险进取，还有别的生活方式吗？

## 高峰体验

这个世界是给我们活动的大舞台，我们既上了台，便应该老着面皮，拼着头皮，大着胆子，干将起来；那些缩进后台去静坐的人都是懦夫，那些袖着双手只会看戏的人，也都是懦夫；这个世界岂是给我们静坐旁观的吗？（《少年中国之精神》）

监护仪上的平行线意味着死亡，而生活的曲线，需要高峰体验。

## 真正的文明

这里又正是东西文化的一个根本不同之点。一边是安分，安命，安贫，乐天，不争，认吃亏；一边是不安分，不安贫，不肯吃亏，努力奋斗，继续改善现成的境地。东方人见人富贵，说他是“前世修来的”；自己贫，也说是“前世不曾修”，说是“命该如此”。西方人便不然；他说，“贫富的不平等，痛苦的待遇，都是制度的不良的结果，制度是可以改良的。”他们不是争权夺利，他们是争自由，争平等，争公道；他们争的不仅仅是个人的私利，他们奋斗的结果是人类绝大多数人的福利。最大多数人的最大幸福，不是袖手念佛号可以得来的，是必须奋斗力争的。

这样充分运用人的聪明智慧来寻求真理以解放人的心灵，来制服天行以供人用，来改造物质的环境，来改革社会政治的制度，来谋人类最大多数的最大幸福，——这样的文明应该能满足人类精神上的要求；这样的文明是精神的文明，是真正理想主义（Idealistic）的文

明，决不是唯物的文明。（《我们对于西洋近代文明的态度》）

勇气与自信，就是让梦想照进现实的光。

而真正的智慧，则是明白哪里才是人力的边界。

## 为什么不安排一个完善的世界呢?

从生物学的知识，可以看到物竞天择的原理。鲫鱼下卵有几百万个，但是变鱼的只有几个；否则就要变成“鱼世界”了！大的吃小的，小的又吃更小的，人类都是如此。从此晓得人生不受安排，是自己如此的行动；否则要安排起来，为什么不安排一个完善的世界呢?

所以人生的意味，全靠你自己的工作；你要它圆就圆，方就方，是有意味；因为真理无穷，趣味无穷，进步快活也无穷尽。（《科学的人生观》）

生命的终点是唯一的。我们所拥有的只是这过程。“为什么不安排一个完善的世界呢？”也许正因如此，我们才能充分地享受这一程程的追求，一程程的超越。

稻盛和夫说：“在生活中为欲望所迷失、困惑，这是人类这种动物的本性，如果放任自流，我们就会无止境地追求财产、地位、名誉，乐此不疲。但是，这些都生不带来、死不带去。不断提高自己的人性，修炼自己的心灵，带着比初到人世时更高层次的灵魂离开这个世界，我认为人生的目的，除此以外，别无他求。”

## 这渺小的人类凭什么不朽?

根据一切科学知识，人是要死的，物质上的腐败，和猫死狗死一般，但是个人不朽的工作，是功德：在立德，立功，立言。善恶都是不朽。一块痰中，有微生物，这菌能散布到空间，使空气都恶化了；人的言语，也是一样。凡是功业、思想，都能传之无穷；匹夫匹妇，都有其不朽的存在。

我们要看破人世间，时间之伟大，历史的无穷，人是最小的动物，处处都在演进，要去掉那小我的主张，但是那小小的人类，居然现在对于制度、政治各种都有进步。（《科学的人生观》）

“我想，对这个时代来说，最需要的就是从根本上质问：‘人为什么活着’？若不能这样尝试着去思考生活方式，那么，纷乱状态将愈发加深，未来将越来越混沌不清，混乱将在社会上漫布开去——怀有如此紧迫的危机感和焦躁感的人同样应该不止我一个。”稻盛和夫如是说。

## 每一个“小我”都永垂不朽

从这个交互影响的社会观和世界观上面，便生出我所说的“社会的不朽论”来。我这“社会的不朽论”的大旨是：我这个“小我”不是独立存在的，是和无量数“小我”有直接或间接的交互关系的；是和社会的全体和世界的全体都有互为影响的关系的；是和社会世界的过去和未来都有因果关系的。种种从前的因，种种现在无数“小我”和无数他种势力所造成的因，都成了我这个“小我”的一部分。我这个“小我”，加上了种种从前的因，又加上了种种现在的因，传递下去，又要造成无数将来的“小我”。这种种过去的“小我”，和种种现在的“小我”，和种种将来无穷的“小我”，一代传一代，一点加一滴；一线相传，连绵不断；一水奔流，滔滔不绝：这便是一个“大我”。“小我”是会消灭的，“大我”是永远不灭的。“小我”是有死的，“大我”是永远不死，永远不朽的。“小我”虽然会死，但是每一个“小我”的一切作为，一切功德罪恶，一切语言行事，无论大小，无论是非，无论善恶——都永远留存在那个“大我”之中。那个“大我”，便是古往今来一切“小我”的纪功碑，彰善祠，罪状判决书，孝子慈孙百世不能改的恶谥法。这个“大我”是永远不朽的，故一切“小我”的事业，人格，一举一动，一言一笑，一个念头，一场功劳，一桩罪过，也都永远不朽。这便是社会的不朽，“大我”的不朽。（《不朽——我的宗教》）

每一点滴的努力，都会有收获；每一点滴的改善，都是种功德。此之谓“功不唐捐”。成就事业、成就人生、成就文明，均需如此。

## 责任的宗教

中国儒家的宗教提出一个父母的观念，和一个祖先的观念，来做人生一切行为的裁制力。所以说，“一出言而不敢忘父母，一举足而不敢忘父母。”父母死后，又用丧礼祭礼等等见神见鬼的方法，时刻提醒这种人生行为的裁制力。所以又说，“斋明盛服，以承祭祀，洋洋乎如在其上，如在其左右。”又说，“斋三日，则见其所为斋者；祭之日，入室，僾然必有见乎其位；周还出户，肃然必有闻乎其容声；出户而听，忾然必有闻乎其叹息之声。”这都是“神道设教”，见神见鬼的手段。这种宗教的手段在今日是不中用了。还有那种“默示”的宗教，神权的宗教崇拜偶像的宗教，在我们心里也不能发生效力，不能裁制我们一生的行为。以我个人看来，这种“社会的不朽”观念很可以做我的宗教了。我的宗教的教旨是：我这个现在的“小我”，对于那永远不朽的“大我”的无穷过去，须负重大的责任。对于那永远不朽的“大我”的无穷未来，也须负重大的责任。我须要时时想着，我应该如何努力利用现在的“小

我”，方才可以不辜负了那“大我”的无穷过去，方才可以不遗害那“大我”的无穷未来？（《不朽——我的宗教》）

改变，从每一个人做起。“小我”的每一步，都关乎“大我的性状”。这样的宗教才可称得上是具有历史责任的宗教了。

## 不坠其志，不改其乐

这“穷苦”二字，真是一块试金石，随你什么人，需要经过这个关头，才有后来的指望。（《中国第一伟人杨斯盛传》）

“安贫”绝不值得炫耀，关键在于“乐道”，在于“一箪食一瓢饮”之后的“不改其乐”，不坠其志！

## 人同畜生的分别

诸位，凡是自己说不出“为什么这样做”的事，都是没有意思的生活。

反过来说，凡是自己说得出“为什么这样做”的事，都可以说是有意思的生活。

生活的“为什么”，就是生活的意思。

人同畜牲的分别，就在这个“为什么”上。……我为什么要干这个？为什么不干那个？回答得出，方才可算是一个人的生活。

我们希望中国人都能做这种有意思的新生活。其实这种新生活并不十分难，只消时时刻刻问自己为什么这样做，为什么不那样做，就可以渐渐的做到我们所说的新生活了。（《新生活》）

苏格拉底有言：未经反思的人生是不值得过的。

## 上山，上山

“努力，努力，努力望上跑！”
我头也不回，汗也不揩，
拼命地爬上山去。
“半山了，努力，努力望上跑！”
上面已没有路，
我手攀著石上的青藤，
脚尖抵住岩石缝里的小树，
一步一步地爬上山去。

“小心点，努力，努力望上跑！”
树桩扯破了我的衫袖，
荆棘刺伤了我的双手，
我好容易打开了一线路，
爬上山去。
上面果然是平坦的路，
有好看的野花，
有遮阴的老树；

但是我可倦了，
衣服都被汗湿遍了，
两条腿都软了。

我在树下睡倒，
闻着那扑鼻的草香，
便昏昏沉沉地睡了一觉。
睡醒来时，
天已黑了，
路已行不得了，
“努力”的喊声也灭了……

猛省，猛省！
我且坐到天明，
明天绝早跑到最高峰，
去看那日出的奇景。（《上山》）

努力，努力！相信在沙漠的某个角落，一定有绿洲存在，只要如骆驼般隐忍执着地前行，终有一天会寻觅到甘洌的泉水。

## 动手动脚的习惯

我们的国家以前专注重文字教育，读书人的指甲蓄得很长，手脸都是白白的，行动是文绉绉的，读书可以从“学而时习之”背诵起，写文章摇摇摆摆地会写出许多好听的词句来。可是他们是无用的，不能动手，也不能动脚，连桌凳有一点坏了，也不能拿起斧头、钉子来修理。这种只能背书写文章的读书人就是没有养成良好的习惯——动手动脚的习惯。（《中学生的修养与择业》）

就教育而言，我们需要培养更多能动手动脚、会动手动脚的人才。

## 省一块就是赚一块

适之薪金已定每月二百六十圆。……适现尚暂居大学教员宿舍内，居此可不出房钱。饭钱每月九圆，每餐两碟菜一碗汤。适意俟拿到钱时，将移出校外居住。（《1917年9月30日给母亲的信》）

年轻时要注意多留点积蓄！（《胡适口述自传》）

对待金钱的理性态度。

## 平生不平事，尽向毛孔散

适意吾辈不当乱骂人，骂人实在无益于事。（《1918年8月20日给钱玄同的信》）

有些人真聪明，可惜把聪明用得不得当，他们能够记得二三十年前朋友谈天的一句话，或是某人骂某人的一句话。我总觉他们的聪明太无聊了。人家骂我的话，我统统都记不起了，并且要把它忘记得更快更好！（《1958年3月22日对王志维的谈话》）

不但不正当的火气不能动，就是正义的火气也动不得。（《治学的方法》）

我受了十余年的骂，从不怨恨骂我的人。有时他们骂得不中肯，我反替他们着急。有时他们骂得太过火了，反损骂者自己的人格，我更替他们不安。如果骂我而使骂者有益，便是我间接于他有恩了，我自然很情愿挨骂。（《1930年4月30日给杨杏佛的信》）

愤怒往往以愚蠢开始，以后悔告终。

唐人卢仝有首品茶诗，描述品尝七碗茶的不同感觉，其中喝到第四碗最有意义。他说："四碗发轻汗，平生不平事，尽向毛孔散。"

某种意义上说，抑制愤怒，容忍他人，忘记别人对自己的伤害，忘记自己对别人的恩惠，多点关爱，少点计较，平生无论"得意事"还是"不平事""尽向毛孔散"，这恐怕就是当下最值得践行的道德吧。

## 友直，友谅，友多闻

怡荪是一个最富于血性的人。他待人的诚恳，存心的忠厚，做事的认真，朋友中真不容易寻出第二个。他同我做了十年的朋友……我回国以后看见他的小楷抄本，心里惭愧这种随手乱写的札记如何当得我的朋友费这许多精力来替我抄写。但他这种鼓励朋友的热心，实在能使人感激奋发。我回国以后，他时时有信给我，警告我“莫走错路”，“举措之宜，不可不慎”（六年旧七月初十日信），劝我“打定主意，认定路走，毋贪速效，勿急近功”（六年九月二十三日信）。爱默生（Emerson）说得好：“朋友的交情，把他的目的物当作神圣看待。要使他的朋友和他自己都变成神圣！”（《许怡荪传》）

胡适晚年经常感慨：虽然少年暴得大名，他却没有为名所累，一路成长正因一路上有许怡荪这样的好友扶持和理解。

人生若能得到一位真心的朋友，绝对是值得赞叹的成就。蒙田讲过一个波斯大帝居鲁士的故事。一次，有人问他是否愿意用他刚从赛马会上赢来的宝马换取一个王国，居鲁士回答："不行，先生。可我愿意将它献给一个真正的朋友，如果我能找到的话。"

## 宽容是一杯暖心的茶

凡论一人，总须持平。爱而知其恶，恶而知其美，方是持平。（《1936 年 12 月 14 日给苏雪林的信》）

1936 年 11 月，女作家苏雪林写了封长信给胡适，批评左翼文坛和鲁迅。胡适复信规劝（主旨如上）。他并不赞成苏用“旧文字的恶腔调”咒骂论战对手。不料苏雪林收到此信后竟将其公之于众，一时在文坛激起很大波澜。胡适的妻子江冬秀得知后非常生气，认为苏雪林太莽撞，胡适却说：“苏雪林并没有虚构，事实就是这样，让世人知道真相也没什么大不了的。”

就这段公案，蔡澜先生有言：“宽容是一杯暖心的茶，直抵心灵深处。”

## 低调做人，高调做事

做学问要在不疑处有疑；待人要于有疑处不疑。（《留学日记》）

为学不妨秉持“怀疑主义”的理性精神，为人却仍需“吾道一以贯之”，“忠恕而已矣”（将心比心，中心而行）。

## 先小人后君子

人性是不容易改变的，公德也不是一朝一夕造成的。故救济之道不在乎妄想人心大变，道德日高，乃在乎制定种种防弊的制度。中国有句古话说：“先小人而后君子”。先要承认人性的脆弱，方才可以期望大家做君子。故有公平的考试制度，则用人可以无私；有精密的簿记与审计，则账目可以无弊。制度的训练可以养成无私无弊的新习惯。新习惯养成之后，保管的责任心便成了当然的事了。（《请大家来照照镜子》）

规矩都是人定的。小人比而不周，党而不群，和而不同。一堆小人凑在一块儿，绝达不成“伟大的妥协”。“先小人后君子”没问题，问题是不能就此铲除了培养君子的土壤，所以规矩和道德还是得双管齐下。

## 尽心而已

儿今日有大考一次，考毕无事，因执笔追记入学以来之事，以告吾母。想吾母新春无事，家人团聚之时，得此书以为家人笑谈之资，当是一乐也。（《致母亲》）

所谓尽孝，有时只是尽心。正心诚意，敞开心扉，让情感之流交融回响。

## 实事求是

我对于一切青年人的劝告是有几分证据，才说几分的话。有一分证据，只可以说一分话；有三分证据，只可以说三分的话。（《一九四六年三月七日，给刘修业的信》）

实事求是，是胡适最提倡的精神、最夸赞的美德。

## 一以贯之

合群有一条基本规则，就是时时要替别人想想，时时要想想“假使我做了他，我应该怎样？”“我受不了的，他受得了吗？我不愿意的，他愿意吗？”（《1929 年 8 月 26 日给长子胡祖望的信》）

你要做自己的事，但不可妨害别人的事。你要爱护自己，但不可妨害别人。能帮助别人，须尽力帮助人，但不可帮助别人做坏事。如帮人作弊，帮人犯规则，都是帮人做坏事，千万不可做。（《1929 年 8 月 26 日给长子胡祖望的信》）

我至今还记得我做小孩子时代读的朱子《小学》里面记载的几个可爱的人物，如汲黯、陶渊明之流，朱子记陶渊明，只记他做县令时送一个长工给他儿子。附去一封家信，说：“此亦人子也，可善遇之。”这寥寥九个字的家书，印在脑子里，也颇有很深刻的效力，使我三十年来不敢轻用一句暴戾的辞气对待那帮我做事的人。（《领袖人才的来源》）

"己欲立而立人，己欲达而达人。"反过来说，"己所不欲，勿施于人"。这就是"一以贯之"的"夫子之道"。

## 做点什么就好，哪怕嘴角微微向上

一句好话可以影响无数人，一句坏话可以害死无数人。这就给我们一个人生标准，消极的我们不要害人，要懂得自己行为。积极的要使这社会增加一点好处，总要叫人家得我一点好处。（《人生问题》）

有人说：我们不要低估一次触摸、一个微笑、一句暖心话的力量。一双倾听的耳朵、一句真诚的赞扬，任何一个微乎其微的关爱之举都有可能改变一个生命。关爱，一定要做点什么。

## 彼此相拥的“人”

我们既认定这个世界是给我们活动的，又须认定人类的生活全是社会的生活，社会是有机的组织，全体影响个人，个人影响全体，社会的活动是互助的，你靠他帮忙，他靠你帮忙，我又靠你同他帮忙，你同他又靠我帮忙；你少说了一句话，我或者不是我现在的样子，我多尽了一分力，你或者也不是你现在这个样子，我和你多尽了一分力，或少做了一点事，社会的全体也许不是现在这个样子，这便是社会协进的观念。有这个观念，我们自然把人人都看作同力合作的伴侣，自然会尊重人人的人格了；有这个观念，我们自然觉得我们的一举一动都和社会有关，自然不肯为社会造恶因，自然要努力为社会种善果，自然不致变成自私自利的野心投机家了。（《少年中国之精神》）

人，彼此相拥才能在茫茫天地间站立。

## 冷眼热心

时髦话谁不会说？说逆耳之言，说群众不爱听的话，说负责任的话，那才需要道德上的勇气。（《不唱时髦的调子》）

《菜根谭》中有一句禅语：热闹中着一冷眼，便省许多苦心思，冷落处存一热心，便得许多真趣味。这不仅是出世的人生智慧，更是入世的道德担当。

## 一团和气

志气要放在心里，要放在功夫里，千万不可放在嘴上，千万不可摆在脸上。无论你志气怎样高，对人切不可骄傲。无论你成绩怎么好，待人总要谦虚和气。你越谦虚和气，人家越敬你爱你，你越骄傲，人家越恨你，越瞧不起你。（《1929 年 8 月 26 日，胡适给胡祖望的信》）

老师在白板上画了一个黑点，问学生："你们看到了什么？"同学们都答："一个黑点。"老师反问："你们就没有看到白板吗？"

厚己薄人，是人性之恶，却也是人性之常，若不时时警醒，人生难有进境。

## 君子之交

其实朋友是人造的关系，是自由选择的“人伦”，弟兄是天然的关系，是不能自由选择的“天伦”。把朋友认作弟兄，并不能加上什么亲谊。自己弟兄尽有不和睦的，还有争相谋害的。朋友也有比弟兄更亲热更可靠的。所以我主张朋友不应该结拜为弟兄。

不但新时代不应有，其实古人并无此礼。汉人始有“结交为弟昆”的话。但古人通信，仍不称弟兄。（《朋友与兄弟》）

君子之交淡如水。人格堂堂的君子，和而不同，与朋友交，如一汪清泉，彼此明明白白，心性互鉴。

## 道法自然

老子说：我们不要自己靠自己的聪明；我们要学学天，学学大自然。“自然”这两个字怎样解释呢？“然”是如此，“自然”就是自己如此。天地间的万物，都不是人造出来的，也不是由玉皇大帝造一个男的再造一个女的，而都是无为，都是自己如此。一切的花，不管红黄蓝白各种颜色的花，决不是一个万能的上帝涂上了各种颜色才这样的，都是自己如此。也就是老子的所谓“天道”，孔子所谓“天何言哉？四时行焉，百物生焉，天何言哉？”“天道”就是无为，无为而无不为。（《中国古代政治思想史的一个新看法》）

无为不是不做事，只是不乱做事，不求立功。（《无为而治》）

不盲从，不盲动，崇尚理性，顺应规律，而从效果而言便是“自然而然，无为而治”。这是胡适对老子的解读。

## 老子的正能量

老子对我的影响又稍有不同。老子主张“不争”（不抵抗）。“不争”便是他在耶稣诞生五百年之前所形成的自然宇宙哲学之一环。老子说：“夫惟不争，故天下莫能与之争！”

他一直主张弱能胜强；柔能克刚。老子总是拿水作比喻来解释他的不抵抗哲学。老子说：“天下莫柔弱于水，而攻坚强者，莫之能先！”（《青年期的政治训练》）

作为一个自由主义者、和平主义者，胡适仍然崇尚力量——理性的、建设性的力量！在他看来，这力量才是人类前途的终极保障。[①]

① 胡适自承老子对他有着极为深刻的影响，1909年，不满18岁的胡适曾作了一首咏“秋柳”的绝句，在这诗前的小序上，他写道：“秋日适野，见万木皆有衰意。而柳以弱质，际兹高秋，独能迎风而舞，意态自如。岂老氏所谓能以弱者存耶？感而赋之。”也正因如此，1915年当日本政府以武力威胁中国政府签署所谓“二十一条”时，胡适曾向全体中国留美学生发出公开信，反对“立刻向日本开战”的主张：“这些在我看来简直是不折不扣的疯癫。我们都情感冲动，神经紧张——不是的，简直是发了

‘爱国癫’！……在我个人看来，我辈留学生如今与祖国远隔重洋；值此时机，我们的当务之急，实在应该是保持冷静。让我们各就本分，尽我们自己的责任，我们的责任便是读书学习。我们不要让报章上所传的纠纷，耽误了我们神圣的任务。我们要严肃、冷静、不惊、不慌地继续我们的学业。充实自己，为祖国力争上游，如祖国能度此大难的话——这点我想是绝无问题的；或者去为祖国起死回生，如果祖国真有此需要的话！”

但在那之后，他受诺曼·安吉尔“新和平主义”和杜威的影响，思想有所转变。他曾引安吉尔的哲学：“一个人如强迫别人接受他一己的意志，就会招致反抗。这样的强迫与反抗的对立，就会使双方力量抵消而至于毫无结果或浪费。……但是如果双方息争合作，共同为人类的生命和人民的生计向大自然奋斗，则双方皆得其解放：双方都会发现这种和衷合作实在是最经济的办法。不特此也，双方且更可由此发现人类社会和社会精神价值上一切可能的发展的真正基础之所在。”又引杜威的论文：“……力如从可颂扬的意义上去看便是能。能便是能做工，能完成一些使命的力。但是力毕竟还是力——你也可说是一种蛮力；它的理性化（的程度），端视其（使用后所得的）结果而定。就是这种同样的力，如任其脱缰而驰，不受约束，那就叫作暴力……”

由是他开始重新理解老子的名言：“弱水可以穿坚石，倒不是因为水弱，而是水原有其真正的劲！”“就在这天早晨，我俯视那被溪水冲刷而成的狭谷，我开始体会到并不是水之弱终能胜强，而是力——真正的力——才能使流水穿石。”而那所谓真正的劲力，就是一种理性的、建设性的力量，换言之，是一种更合理、更有效、更具建设性地使用力量的方式。

## 人生的支点

有一天，差不多先生忽然得了急病，赶快叫家人去请东街的汪先生。那家人急急忙忙地跑去，一时寻不着东街汪大夫，却把西街的牛医王大夫请来了。差不多先生病在床上，知道寻错了人；但病急了，身上痛苦，心里焦急，等不得了，心里想道："好在王大夫同汪大夫也差不多，让他试试看罢。"于是这位牛医王大夫走近床前，用医牛的法子给差不多先生治病。不上一点钟，差不多先生就一命呜呼了。（《差不多先生传》）

哈佛教授西奥多·莱维特说："魔鬼藏于细节，一个个细节组合起来的能量能摧毁一切。"细节就是人生的支点。

## 飞升天堂，悠游人间

这一句话是：“不要抛弃学问。”以前的功课也许有一大部分是为了这张毕业文凭，不得已而做的，从今以后，你们可以依自己的心愿去自由研究了。趁现在年富力强的时候，努力做一种专门学问。少年是一去不复返的，等到精力衰时，要做学问也来不及了。……

即为吃饭计，学问决不会辜负人的。吃饭而不求学问，三年五年之后，你们都要被后来少年淘汰掉的。到那时再想做点学问来补救，恐怕已太晚了。（《中国公学十八年级毕业赠言》）

西谚有云：学问是人类得以飞升天堂的羽翼。若嫌天堂太远，那么一技傍身也足够在人间悠游。

## 决定命运的时刻

有人说："出去做事之后，生活问题急需解决，哪有工夫去读书？即使要做学问，既没有图书馆，又没有实验室，哪能做学问？"

我要对你们说：凡是要等到有了图书馆方才读书的，有了图书馆也不肯读书。凡是要等到有了实验室方才做研究的，有了实验室也不肯做研究。你有了决心要研究一个问题，自然会节衣节食去买书，自然会想出法子来设置仪器。

达尔文一生多病，不能多作工，每天只能做一点钟的工作。你们看他的成绩：每天花一点钟看十页有用的书，每年可看三千六百多页书；三十年可读十一万页书。（《中国公学十八年级毕业赠言》）

爱因斯坦说，人与人的差别主要取决于对八小时以外时间的利用。而哈佛大学的一项研究也支持了这一理论，该项研究表明：人的差别在于业余时间，而一个人的命运决定于晚上八点到十点之间。

## 最要紧的是事实

这一次的谈话给了我一个绝大的刺激。世间的大问题决不是一两个抽象名词（如“资本主义”、“共产主义”等等）所能完全包括的。最要紧的是事实。现今许多朋友却只高谈主义，不肯看看事实。孙中山先生曾引外国俗语说“社会主义有五十七种，不知那一种是真的”。岂但社会主义有五十七种？资本主义还不止五百七十种呢！拿一个“赤”字抹杀新运动，那是张作霖、吴佩孚的把戏。然而拿一个“资本主义”来抹杀一切现代国家，这种眼光究竟比张作霖、吴佩孚高明多少？（《漫游的感想》）

所谓主义，是最容易变成遮羞布的。

## 放下身段

所以我说，今日的第一要务是要造一种新的心理：要肯认错，要大彻大悟地承认我们自己百不如人。

第二步便是死心塌地的去学人家。老实说，我们不须怕模仿。“学之为言效也”，这是朱子的老话。学画的，学琴的，都要跟别人学起；学的纯熟了，个性才会出来，天才才会出来。

一个现代国家不是一堆昏庸老朽的头脑造得成的，也不是口号标语喊得出来的。（《请大家来照照镜子》）

我们如果还想把这个国家整顿起来，如果还希望这个民族在世界上占一个地位，——只有一条生路，就是我们自己要认错。我们必须承认我们自己百事不如人，不但物质机械上不如人，不但政治制度不如人，并且道德不如人，知识不如人，文学不如人，音乐不如人，艺术不如人，身体不如人。（《介绍我自己的思想》）

我们中国人有一种最普遍的死症，医书上还没有名字，我姑且叫他做“没有胃口”。无论什么好东西，到了我们嘴里，舌头一舔，刚觉有味，才吞下肚去，就要作呕了。胃口不好，什么美味都只能“浅尝而止”，终不能下咽，所以我们天天皱起眉头，做出苦样子来，说：没有好东西吃！这个病症，看上去很平常，其实是死症。前些年，大家都承认中国需要科学；然而科学还没有进口，早就听见一班妄人高唱“科学破产”了；不久又听见一班妄人高唱“打倒科学”了。前些年，大家又都承认中国需要民主宪政；然而宪政还没有入门，国会只召集过一个，早就听见一班“学者”高唱“议会政治破产”“民主宪政是资本主义的副产物”了。（《没有胃口与信心浅薄》）

只有彻底放下身段，才能真正认识自我。但放下身段不是预设立场，不是自认一无是处、仅仅靠了运气混到今天。恰恰相反，放下身段是以绝大的勇气、智慧和信心去抛弃立场，不再固执立场，是彻底打开自我，在交流乃至冲突中去重新发现自我，建构立场。

## 努力是必需的态度

东方的懒惰圣人说，“吾生也有涯，而知也无涯，以有涯逐无涯，殆已。”所以他们要人静坐澄心，不思不虑，而物来顺应。这是自欺欺人的诳语，这是人类的夸大狂。真理是深藏在事物之中的；你不去寻求探讨，他决不会露面。科学的文明教人训练我们的官能智慧，一点一滴地去寻求真理，一丝一毫不放过，一铢一两地积起来。这是求真理的惟一法门。自然（Nature）是一个最狡猾的妖魔，只有敲打可以逼她吐露真情。不思不虑的懒人只好永远作愚昧的人，永远走不进真理之门。（《我们对于西洋近代文明的态度》）

“拷问”自然、无限求取的态度并不正确，不过换个角度来说，努力二字倒的确是人生发展、人类延续的必需基础。

第四章

# 大胆的假设，小心的求证

季羡林曾评价胡适“是一个书生，说不好听一点，就是一个书呆子”。并举一小事称，胡适一次会议前声明要提前退席，会上忽而有人谈到《水经注》，他便立即精神抖擞，眉飞色舞、口若悬河起来，乃至忘了提早退席这件事。

胡适青年时期读中国经书，发现了汉、宋注疏之不同，自己有了独立的想法，就想作文写出来。这种以批判法则治学的方法，胡适名之为“归纳法”。

他第一个用白话写作，独幕剧《终身大事》确立了现代话剧的新形式。

他的小说《一个问题》开启了中国现代小说的第一个流派“问题小说”。

他首先采用了西方近代哲学的体系和方法，研究中国先秦哲学。他以其博士论文《先秦名学史》为基础，编写了《中国哲学史大纲》（上卷）。蔡元培赞扬胡适《中国哲学史大纲》的长处是“证明的方法、扼要的手段、平等的眼光及系统的研究”，称其为“第一部新的哲学史”。

胡适是新红学派——考据派的创始人，可以说是将小说纳入了学术研究正轨的第一人。他为旧小说写序，作考证，让小说登上大雅之堂。而且胡适对《红楼梦》的考证研究，国学大师季羡林的评价是“合情合理”。

青年人向他请教治学方法，他认为治学没有什么秘诀；即使有，也不过是：“思想和研究都得要注意证据。”所以胡适提出“大胆的假设，小心的求证”两句话作为治学的方法。然而正是这一治学方法，及由这一治学方法而来的作品，奠定了胡适在学术史上的地位。

## 人类常识的法则

萨迪被描写成古巴比伦的一位哲学家。他能用他的常识去解释沙滩上和岩石上所发现的痕迹，或者林木里枝叶脱落的迹象。观察了这些痕迹之后，他就可推断有跑马或走狗曾道经此地；并可说出狗马的大小。这种循果以推因的法则便是治古生物学、地质学、考古学……以及一切历史科学的法则。这就是"萨迪法则"；人类（所发明而专用之）的法则。也正是杜威所指出的法则；也正是约翰·穆勒（John Stuart Mill，1806—1873）在十九世纪所说的每个人在每日工作中所应用的法则。推理思想并非科学家在实验室内所专有；那只是人类常识上的法则。科学的法则只是把常识上的法则纪律化而已。近几十年来我总欢喜把科学法则说成"大胆的假设；小心的求证"。（《胡适口述自传——哥伦比亚大学和杜威》）

胡适自己在《口述自传》中说："我的治学方法似乎是经过长期琢磨，逐渐发展起来……我十几岁的时候，便已有好怀疑的倾向，尤其是关于宗教方面。”

假设之后揭开谜底，对自然和社会的认识加深，人类进步的列车遂得以隆隆向前。

## 学问的生活

这一年以来，最可使人乐观的一种好现象，就是许多学生对于知识学问的兴趣渐渐增加了。新出的出版物的销数增加，可以估量学生求知识的兴趣增加。我们希望现在的学生充分发展这点新发生的兴趣，注重学问的生活。要知道社会国家的大问题，决不是没有学问的人能解决的。我们说的“学问的生活”并不限于从前的背书抄讲义的生活。我们希望学生——无论中学大学——都能注重下列的几项细目：（1）注重外国文。……（2）注重观察事实与调查事实。……（3）建设的促进学校的改良。……（4）注重自修。……（《我们对于学生的希望》）

读书要坐冷板凳。做学问第一要义，在于心静如一汪池水，遇风也只有点点涟漪。凝神屏气，在学问的汪洋大海里遨游，书海浩茫勤作舟。

## 早上吃了蛋，昨天中了邪

研究社会问题的人，也是这样。现在所用的比喻是医生治病，所以说的都是医术的名词。各位可别误会，在未入本题之前，我们须要避掉两件事：（一）须避掉偏僻的成见。我们研究一种问题，最要紧的就是把成见除掉。不然，就会受它的障碍。比方一个病人跑到医生那里，对医生说："我这病或者是昨天到火神庙里去，在那里中了邪，或是早晨吃了两个生鸡蛋，然后不舒服。"如果那个医生是精明的，他必不听这病人的话。他先要看看脉，试试温度，验大小便，分析血液，然后下个诊断。他的工夫是从事实上下手，他不管那病人所说中了什么邪，或是吃了什么东西，只是一味虚心地去检验。我们便做社会的医生也是如此。（《研究社会问题的方法》）

杜威以为这一步是很重要的。这一步就同医生的"脉案"，西医的"诊断"，一般重要。你请一个医生来看病，你先告诉他，说你有点头痛，发热，肚痛……你昨天吃了两只螃蟹，又喝了一杯冰淇淋，大概是伤了食。这是你胡乱猜想的话，不大靠得住。那位医生如果是一位好医生，他一定不睬你说的什么。他先看你的舌苔，把你的脉，看你的气色，问你肚子那一块作痛，大便如何，看你的热度如何……然后下一个“诊断”，断定你的病究竟在什么地方。若不如此，他便是犯了武断不细心的大毛病了。（《实验主义》）

成见如那一片遮眼的树叶，即使泰山在前，也浑然不知。

## 像测量土地一样测量社会

西洋现行的观察和调查的方法，总起来可以分做三样：

（一）统计的功夫，是国家的。它的方法，是派人分头向各区去调查，凡出入款、生死率、教育状况等等的事体，都要仔细地调查清楚，为的是可以比较。

（二）社会测量。研究社会问题的人测量社会，要像工程师测量土地一样。我们要选定一个区域，其中各方面的事体，像人口、宗教、生计、道德、家庭、卫生、生死等，都要测量过，然后将所得的结果，来做一个详细的报告。

……

（三）综合。用统计学的方法。把所得的材料，综合起来做统计书，或把他们画在图表上头。统计的好处，是在指明地方和时间，教我们能够下比较的功夫。他不但将所有的事实画在格里，还在底下解释他们的关系和结果。我们打开图表一看，就知道某两线是常在一处的，某线常比其他的线高，某线常比其他的线低，我们将没有关系的线，先搁在一边，专研究那有关系的，常在一处的。到我们得着解释的时候，那病的地方就不难知道啦。（《研究社会问题的方法》）

观察和调查的方法，需要广泛地调查取样，如扁鹊诊病，从腠理肌肤，到肠胃骨髓。如此剥笋般层层深入，让遮盖事实的面纱逐渐褪去，最终便得到我们所求的结果。

## 一个落下的苹果，一个落下的球

> 杜威论思想，分作五步说：（一）疑难的境地；（二）指定疑难之点究竟在什么地方；（三）假定种种解决疑难的方法；（四）把每种假定所涵的结果，一一想出来，看那一个假定能够解决这个困难；（五）证实这种解决使人信用；或证明这种解决的谬误，使人不信用。……看这五步，从第一步到第三步，是偏向归纳法的，是先考察眼前的特别事实和情形，然后发生一些假定的通则；但是从第三步到第五步，是偏向演绎法的。是先有了通则，再把这些通则所涵的意义一一演出来，有了某种前提，必然要有某种结果：更用直接或间接的方法，证明某种前提是否真能发生某种效果。……思想的真正训练，是要使人有真切的经验来作假设的来源；使人有批评判断种种假设的能力；使人能造出方法来证明假设的是非真假。（《实验主义》）

很多人看到苹果掉到地上，鲜有人思考它落地的原因。只有牛顿据此现象，提出了万有引力定律的假设。

从经验到假设，思维的桥修通了。

面对亚里士多德“物体下落速度和重量成比例”的学说，伽利略用比萨斜塔上落下的球，给世界一个清晰的证明。这种证实过程使人信服，它扫清了桥面的碎石，让世人得以在巨人搭建的思维桥上畅行无阻。

## 太阳之下，并无新事

凡富于创造性的人必敏于模仿，凡不善模仿的人决不能创造。创造是一个最误人的名词，其实创造只是模仿到十足时的一点点新花样。古人说的最好："太阳之下，没有新的东西。"一切所谓创造都从模仿出来。我们不要被新名词骗了。新名词的模仿就是旧名词的"学"字："学之为言效也"是一句不磨的老话。（《信心与反省》）

如此看来，吴先生列举的四个方式，其实只有一个方式：一切发明创作都从模仿出来。没有天才的人只能死板的模仿；天才高的人，功夫到时，自然会改善一点；改变的稍多一点，新花样添的多了，就好像是一件发明或创作了，其实还只是模仿功夫深时添上的一点新花样。

这样的说法，比较现时一切时髦的创造论似乎要减少一点弊窦。今日青年人的大毛病是误信"天才""灵感"等等最荒谬的观念，而不知天才没有功力只能蹉跎自误，一无所成。世界大发明家爱迪生说的最好："天才是一分神来，九十九分汗下。"他所谓"神来"即是玄学鬼所谓"灵感"。用血汗苦功到了九十九分时，也许有一分的灵巧新花样出来，那就是创作了。颓废懒惰的人，痴待"灵感"之来，是终无所成的。寿生先生引孔子的话："吾尝终日不食，终夜不寝，以思，无益，不如学也。"这一位最富于常识的圣人的话是值得我们大家想想的。（《三论信心与反省》）

创造不是空穴来风，是水到渠成的积累与突破。

## 不好奇，毋宁死

一个民族也和个人一样，最肯学人的时代就是那个民族最伟大的时代；等到他不肯学人的时候，他的盛世已过去了，他已走上衰老僵化的时期了，我们中国民族最伟大的时代，正是我们最肯模仿四邻的时代：从汉到唐、宋，一切建筑、绘画、雕刻、音乐、宗教、思想、算学、天文、工艺，那一件里没有模仿外国的重要成分？佛教和他带来的美术建筑，不用说了。从汉朝到今日，我们的历法改革，无一次不是采用外国的新法；最近三百年的历法是完全学西洋的。到了我们不肯学人家的好处的时候，我们的文化也就不进步了。我们到了民族中衰的时代，只有懒劲学印度人的吸食鸦片，却没有精力学满洲人的不缠脚，那就是我们自杀的法门了。（《信心与反省》）

一个不再好奇的民族是既无胸襟更无前途的，简单来说，是没有生命力的。

## 勤劳、精细、谨严

正因为历史科学上的证据绝大部分是不能再造出来做实验的，所以我们做这几门学问的人，全靠用最勤劳的工夫去搜求材料，用最精细的工夫去研究材料，用最谨严的方法去批评审查材料。

历史科学的方法不过是人类常识的方法，加上更严格的训练，加上更谨严的纪律而已。（《历史科学的方法》）

勤劳、精细、谨严，更勤劳、更精细、更谨严，这就是胡适为学、为人的方法。

## 提问是一种生活方式

总起来说：研究问题所以能于短时期中发生很大的效力，正因为研究问题有这几种好处：（1）研究社会人生切要的问题最容易引起大家的注意；（2）因为问题关切人生，故最容易引起反对，但反对是该欢迎的，因为反对便是兴趣的表示，况且反对的讨论不但给我们许多不要钱的广告，还可使我们得讨论的益处，使真理格外分明；（3）因为问题是逼人的活问题，故容易使人觉悟，容易得人信从；（4）因为从研究问题里面输入的学理，最容易消除平常人对于学理的抗拒力，最容易使人于不知不觉之中受学理的影响；（5）因为研究问题可以不知不觉的养成一班研究的，评判的，独立思想的革新人才。（《新思潮的意义》）

时时带着问题，就是时时带着好奇和思考，这样的人生是更值得过的，这样的社会是更有可能变成真正的公民社会。这是人类最本质的自由。

## 从问题中来，到问题中去

我希望新思潮的领袖人物以后能了解这个教训，能把全副精力贯注到研究问题上去；能把一切学理不看作天经地义，但看作研究问题的参考材料；能把一切学理应用到我们自己的种种切要问题上去；能在研究问题上面做输入学理的工夫；能用研究问题的工夫来提倡研究问题的态度，来养成研究问题的人才。（《新思潮的意义》）

从问题中来，到问题中去，关键是要解决问题，一个一个一点一点地解决问题，这样的实证和实干的精神是胡适希望全体中国人，不仅是知识分子，所应具备的基本素质。

## 法乎其上，得乎其中

分开来说，我们对于旧有的学术思想有三种态度。第一，反对盲从；第二，反对调和；第三，主张整理国故。

盲从是评判的反面，我们既主张“重新估定一切价值”，自然要反对盲从。这是不消说的了。

为什么要反对调和呢？因为评判的态度只认得一个是与不是，一个好与不好，一个适与不适，——不认得什么古今中外的调和。调和是社会的一种天然趋势。人类社会有一种守旧的惰性，少数人只管趋向极端的革新，大多数人至多只能跟你走半程路。这就是调和。调和是人类懒病的天然趋势，用不着我们来提倡。我们走了一百里路，大多数人也许勉强走三四十里。我们若先讲调和，只走五十里，他们就一步都不走了。所以革新家的责任只是认定“是”的一个方向走去，不要回头讲调和。社会上自然有无数懒人懦夫出来调和。（《新思潮的意义》）

中国人喜欢讲“和”——“和而不同”的“和”，没有“不同”，“和”也就成了“乡愿”，无论人生还是社会便都在一团和气中露出暮气与死气。

比如在学术研究上，评判的态度、创新的精神就好比蜜蜂的利刺，虽然蜇人，却也必需。因为采蜜的蜂儿终日在花丛里歌唱，如果失去利刺，那么甘蜜和欢歌也会一并消逝。

## 为什么要问“为什么”

据我个人的观察，新思潮的根本意义只是一种新态度。这种新态度可叫做“评判的态度”。

评判的态度，简单说来，只是凡事要重新分别一个好与不好。仔细说来，评判的态度含有几种特别的要求：

(1) 对于习俗相传下来的制度风俗，要问：“这种制度现在还有存在的价值吗？”

(2) 对于古代遗传下来的圣贤教训，要问：“这句话在今日还是不错的吗？”

(3) 对于社会上糊涂公认的行为与信仰，都要问：“大家公认的，就不会错了吗？人家这样做，我也该这样做吗？难道没有别样做法比这个更好，更有理，更有益的吗？”……（《新思潮的意义》）

一言以蔽之，我们太缺少问个“为什么”的能力。而一切真理，都是在这一连串的追问中显现的。

## 实干不是蛮干

起初自然有许多人反对。但是反对便是注意的证据，便是兴趣的表示。试看近日报纸上登的马克思的《赢余价值论》，可有反对的吗？可有讨论的吗？没有人讨论，没有人反对，便是不能引起人注意的证据。研究问题的文章所以能发生效果。正为所研究的问题一定是社会人生最切要的问题，最能使人注意，也最能使人觉悟。悬空介绍某种专家学说，如《赢余价值论》之类，除了少数专门学者之外，决不会发生什么影响。但是我们可以在研究问题里面做点输入学理的事业，或用学理来解释问题的意义，或从学理上寻求解决问题的方法。用这种方法来输入学理，能使人于不知不觉之中感受学理的影响。不但如此，研究问题最能使读者渐渐的养成一种批评的态度，研究的兴趣，独立思想的习惯。十部"纯粹理性的评判"，不如一点评判的态度，十篇"赢余价值论"，不如一点研究的兴趣；十种"全民政治论"，不如一点独立思想的习惯。（《新思潮的意义》）

空谈误国，实干兴邦。且这实干不是一味苦干、蛮干——若无巧思，难收实效；若无实效，难称实干。

## 为什么要整理国故（一）

为什么要整理呢？因为古代的学术思想向来没有条理，没有头绪，没有系统，故第一步是条理系统的整理。因为前人研究古书，很少有历史进化的眼光的，故从来不讲究一种学术的渊源，一种思想的前因后果，所以第二步是要寻出每种学术思想怎样发生，发生之后有什么影响效果。因为前人读古书，除极少数学者以外，大都是以讹传讹的谬说，——如太极图，爻辰，先天图，卦气……之类，——故第三步是要用科学的方法，作精确的考证，把古人的意义弄得明白清楚。因为前人对于古代的学术思想，有种种武断的成见，有种种可笑的迷信，如骂杨朱墨翟为禽兽，却尊孔丘为德配天地、道冠古今！故第四步是综合前三步的研究，各家都还他一个本来真面目，各家都还他一个真价值。（《新思潮的意义》）

整理国故，就是从纷繁头绪中找出一个条理脉络，以证实我们其来有自，我们不是从石头缝里蹦出来的孙猴子，我们的传统中仍有足以应对当下社会生活的精神资源。

# 为什么要整理国故（二）

新思潮的精神是一种评判的态度。

新思潮的手段是研究问题与输入学理。

新思潮的将来趋势，依我个人的私见看来，应该是注重研究人生社会的切要问题，应该于研究问题之中做介绍学理的事业。

新思潮对于旧文化的态度，在消极一方面是反对盲从，是反对调和；在积极一方面，是用科学的方法来做整理的工夫。

新思潮惟一目的是什么呢？是再造文明。（《新思潮的意义》）

胡适终身抱定再造文明的信念，知其不可而为之。唯有独立之精神、自由之意志方可如是。作为新文化运动的领袖，为何要热心整理国故？胡适自己说：

他要掀起中国的文艺复兴运动，其目标是：

（1）研究问题，特殊的问题和今日迫切的问题；

（2）输入学理，从海外输入那些适合我们作参考和比较研究用的学理；

（3）整理国故（把三千年来支离破碎的古学，用科学方法做一番有系统的整理）；

（4）再造文明，这是上三项综合起来的最后目的。

如此看来，整理国故最终为了实现他一生的理想：再造文明。

# 浪漫是一种病

然而英国哈维（Harvy）尝说：柏士多[①]以一支玻璃管和一具显微镜，已把法国赔款都付清了。懒的人实在没有懂得学问的兴趣。学问本来是干燥东西，而正确方法是建筑在正确材料上的，像西方的牛顿那样的正确。我们中国要研究有结果，最要紧的是要到自然界去，找自然材料。做文学的更要到民间去，到家庭里去找活材料。我是喜欢谈谈：大家都是年富力强，应该要打破和消灭懒病。还要连带说一说“六零六”药水，是德国医

① 路易·巴斯德（Louis Pasteur），法国化学家、微生物学家，用“实践—理论—实践”的方法奠定了微生物学研究的基石，发展出对人体预防接种的技术以战胜狂犬病，其发明的“巴氏消毒法”（高温灭菌）沿用至今，对人类生命的存续与延长做出了突出的贡献。胡适非常推崇巴斯德“知行合一”——在实践中寻求真理并以之“经世致用”的精神，他曾详述巴斯德的方法与功绩：“浪漫的病症在哪里？我以为浪漫病或者就是‘懒病’……十九世纪时候，法国化学师柏士多（Pasteur）在显微镜下面发现很可怕的微生物。他并且感受疯狗的厉害，便研究疯狗起来。后来从狗嘴的涎沫里及脑髓中去探究，方知道是细菌在作祟，神经系中有毒。他把狗骨髓取出风干经过十三四天之久，就把它制成注射药水，可以治好给疯狗咬着的人。但是当时没有胆量就注射在人身上，只先在别的动物身上试验看看。在那时候很凑巧一位老太婆的儿子给狗咬伤，去请医生以活马当作死马医治，果然给他治好了。”

生 Erlich 发明的，用以杀杨梅疮的微菌，这位先生他用化学方法，经过八年六百零六次的试验研究而成功的。我们研究学问，要有材料和方法，要不懒，要坚韧不拔的努力；那么，“浪漫病”就可以打破了。（《打破浪漫病》）

智慧如火花，努力击打思想的火石，才会发出灿烂的光。“路漫漫其修远兮，吾将上下而求索”。不积跬步，何以至千里？

## 治大国若烹小鲜

我们要看一看山西的教育在这几年的进行如何，太原的生活程度是不是高了，医术是不是进步了。这几方面，都应当用工夫去研究一下，看他们和军人的行为有什么关系，有什么影响。要是不明白种种的关系，只说是自省的功夫，恐怕这种判断有些不对。而且宜于军人的，未必宜于学生，若冒昧了，一定很危险。遗传说食指动就有东西吃，食指动和有东西吃，本来没有关系，因为食指动是没有意识的。若在食指动以后，果然有东西吃，就把这两件事联起来作一个因果，那是不对的。我们对于原因结果的判断，一定要用逻辑的方法，要合乎逻辑的判断。那事实的真原因，才能够得着。所以我们研究社会问题，要用逻辑的方法，才能够知道病的确在什么地方，和生病的原因在哪里。不然，所做的工夫，不但无功，而且很危险，这是应当注意的。（《研究社会问题的方法》）

社会的病的来源，……先从空间的关系说罢，我们拿北京的娼妓来研究，就知道他和中国各处都有关系。我们要用第一步的方法，研究那些娼妓的来路，和那地方所以供给娼妓的缘故。还有本地的娼妓，多半是旗人当的。我们对于这事，就要研究北京的旗人，她们受了什么影响，致使一部分的人堕落。又要研究她们多半当私娼的，由男子方面说，他们为什么专下南方去贩女人上来，为什么不上别处去，他们为什么要在这里开娼寮？这些问题是时空的关系，我们都应当研究的。

社会问题，在时间上的关系，也是很重要的。……这几句话，就是指明凡事都有一种历史的原因。所以对于问题，不要把他的历史的、纵的、时间的关系，忽略过去。（《研究社会问题的方法》）

治大国若烹小鲜。不为私欲蒙蔽，深入观察，冷静思考，尊重常识，综合权衡，方有可能切中肯綮，一击奏效。

## 思考的力量

一个人出去探险，走进一个无边无际的大树林里，迷了路，走不出来了。他爬上树顶，用千里镜四面观望，也看不出一条出路。他坐下来仔细一想，忽听得远远的有流水的声音；他忽然想起水流必定出山，人跟着水走，必定可以走出去。主意已定，他先寻到水边，跟着水走，果然走出了危险。这也是应付环境。以上三种应付环境，所以高下不同，正为智识的程度不同。蛆的应付环境，完全是无意识的作用；蜜蜂能用光线的指导去寻出路，已可算是有意识的作用了，但他不懂得光线有时未必就是出路的记号，所以他碰着玻璃就受窘了；人是有智识能思想的动物，所以他迷路时，不慌不忙的爬上树顶，取出千里镜。或是寻着溪流，跟着水路出去。人的生活所以尊贵，正为人有这种高等的应付环境的思想能力。故杜威的哲学基本观念是："知识思想是人生应付环境的工具。"知识思想是一种人生日用必不可少的工具，并不是哲学家的玩意儿和奢侈品。（《实验主义》）

大哲学家培根说："读史使人明智，读诗使人聪慧。学习数学使人周密，伦理学使人庄重，逻辑修辞使人善辩。凡有所学，皆成性格。"总之，知识能塑造人的性格。而精神上的缺陷，也能通过求知而改变。

## 这力量来自实践，归于实践

这才是杜威所指的“思想”。这种思想有两大特性。（一）须先有一种疑惑困难的情境做起点。（二）须有寻思搜索的作用，要寻出新事物或新知识来解决这种疑惑困难。譬如上文所举那个在树林中迷了路的人，他在树林里东行西走，迷了方向寻不出路子这便是一种疑惑困难的情境。这是第一个条件。那迷路的人爬上树顶远望，或取出千里镜四望，或寻到流水，跟水出山：这都是寻思搜索的作用。这是第二个条件。这两个条件都很重要。（《实验主义》）

杜威所指的“思想”是一种来自于实践也为了实践的建设性力量。是叫人想想如何解决问题，怎样办点实事，不是玄思妙想甚或胡思乱想。空谈误国，空想亦然。空想是一种自我消耗，不与客观现实接触磨合的主观是不具备任何建设性、不产生任何正能量的空转，是一种最终破坏你主体自由意志的伪自由、伪意志。

## 答案来之不易，但重要的是提出问题

指定疑难之点究竟在何处。——有些疑难是很容易指定的，例如上文那个人迷了路，他的问题是怎么寻一条出险的路子，这是很容易指定的。但是有许多疑难，我们虽然觉得是疑难，但一时不容易指定究竟哪一点是疑难的真问题。我且举一个例。《墨子小取篇》有一句话："辟（譬）也者，举也物而以明之也。"初读的时候，我们觉得"举也物"三个字不可解，是一种疑难。毕沅注《墨子》径说这个"也"字是衍文，删了便是了。王念孙读到这里，觉得毕沅看错疑难的所在了。因为这句话里的真疑难不在一个"也"字的多少，乃在研究这个地方既然跑出一个"也"字来，究竟这个字可以有解说没有解说。如果先断定这个"也"字是衍文，那就近于武断，不是科学的思想了。这一步的工夫，平常人往往忽略过去，以为可以不必特别提出。（《实验主义》）

真正的问题才意味着真正的突破，所以找准问题很重要，找得到问题，才找得到答案。

## 探索解决之道

既经认定疑难在什么地方了，稍有经验的人，自然会从所有的经验，知识，学问里面，提出种种的解决方法。例如上文那个迷路的人要有一条出路，他的经验告诉他爬上树顶去望望看，这是第一个解决法。这个法子不行，他又取出千里镜来，四面远望，这是第二个解决法。这个法子又不行，他的经验告诉他远远的花郎花郎的声音是流水的声音；他的学问又告诉他说，水流必有出路，人跟着水行必定可以寻一条出路。这是第三个解决法。这都是假定的解决。

又如上文所说《墨子》“辟也者，举也物而以明之也”一句。毕沅说“也物”的也字是衍文，这是第一个解决。王念孙说，“也”字当作“他”字解，“举也物”即是“举他物”，这是第二个解决。这些假定的解决，是思想的最要紧的一部分，可以算是思想的骨干。我们说某人能思想，其实只是说某人能随时提出种种假定的意思来解决所遇着的困难。但是我们不可忘记，这些假设的解决，都是从经验学问上生出来的。没有经验学问，决没有这些假设的解决。有了学问，若不能随时发生解决疑难的假设，那便成了吃饭的书橱，有学问等于无学问。经验学问所以可贵，正为他们可以供给这些假设的解决的材料。（《实验主义》）

在胡适看来，解决问题是第一要义，而解决问题的能力必定来自实证与实干，所以无论是大胆地假设，还是小心地求证，都是一种实际的哲学，都在强调实干的文化。

## 故纸堆的火焰

我们回顾这三百年的中国学术，自然不能不对这班大师表示极大的敬意。然而从梅鷟的《古文尚书考异》到顾颉刚的《古史辨》，从陈第的《毛诗古音考》到章炳麟的《文始》，方法虽是科学的，材料却始终是文字的。科学的方法居然能使故纸堆里大放光明，然而故纸的材料终久限死了科学的方法，故这三百年的学术也只不过文字的学术，三百年的光明也只不过故纸堆的火焰而已！……

他们的方法是相同的，不过他们的材料完全不同。顾氏、阎氏的材料全是文字的，葛利略一班人的材料全是实物的。文字的材料有限，钻来钻去，总不出这故纸堆的范围；故三百年的中国学术的最大成绩不过是两大部《皇清经解》而已。实物的材料无穷，故用望远镜观天象，而至今还有无穷的天体不曾窥见；用显微镜看微菌，而至今还有无数的微菌不曾寻出。但大行星已添了两座，恒星之数已添到十万万以外了！前几天报上说，有人正在积极实验同火星通信了。我们已知道许多病菌，并且已知道预防的方法了。宇宙之大，三百年中已增加了几十万万倍了；平均的人寿也延长了二十年了。（《治学的方法与材料》）

只在故纸堆里钻研训诂考据之学，最多生出点点火星，这是一条没有实际产出的道路，是不解决任何实际问题的思想空转，这也正是胡适对中国文化和中国文人的诟病之处。

## 创造新的证据

从文字的校勘以至历史的考据，都只能尊重证据，却不能创造证据。

自然科学的材料便不限于搜求现成的材料，还可以创造新的证据。实验的方法便是创造证据的方法。平常的水不会分解成氢气、氧气；但我们用人工把水分解成氢气和氧气，以证实水是氢气和氧气合成的。这便是创造不常有的情境，这便是创造新证据。

纸上的材料只能产生考据的方法；考据的方法只是被动的运用材料。自然科学的材料却可以产生实验的方法；实验便不受现成材料的拘束，可以随意创造平常不可得见的情境，逼拶出新结果来。考证家若没有证据，便无从做考证；史家若没有史料，便没有历史。自然科学家便不然。肉眼看不见的，他可以用望远镜，可以用显微镜。生长在野外的，他可以叫他生长在花房里；生长在夏天的，他可以叫他生在冬天。原来在人身上的，他可以移种在兔身上，狗身上。毕生难遇的，他可以叫他天天出现在眼前；太大了的，他可以缩小；整个的，他可

以细细分析；复杂的，他可以化为简单；太少了的，他可以用人工培植增加。（《治学的方法与材料》）

创造新的证据，另辟蹊径，也许逐渐就从“山重水复疑无路”，忽然转到“柳暗花明又一村”。这便是空想与实证的殊途。

故材料的不同可以使方法本身发生很重要的变化。实验的方法也只是大胆的假设，小心的求证；然而因为材料的性质，实验的科学家便不用坐待证据的出现，也不仅仅寻求证据，他可以根据假设的理论，造出种种条件，把证据逼出来。故实验的方法只是可以自由产生材料的考证方法。

……

结果呢？我们的考证学的方法尽管精密，只因为始终不接近实物的材料，只因为始终不曾走上实验的大路上去，所以我们的三百年最高的成绩终不过几部古书的整理，于人生有何益处？于国家的治乱安危有何裨补？虽然做学问的人不应该用太狭义的实利主义来评判学术的价值，然而学问若完全抛弃了功用的标准，便会走上很荒谬的路上去，变成枉费精力的废物。这三百年的考证学固然有一部分可算是有价值的史料整理，但其中绝大的部分却完全是枉费心思。如讲《周易》而推翻王弼，回到汉人的"方士《易》"；讲《诗经》而推翻郑

樵、朱熹，回到汉人的荒谬诗说；讲《春秋》而回到两汉陋儒的微言大义，这都是开倒车的学术。（《治学的方法与材料》）

沉迷故纸堆，不过是纸糊的钻头，一用就破，什么都钻不出来。

## 曹家到底招待了几次皇上？

也许有人要问，胡适这个人是不是发了疯呢？天下可做学问很多，而且是学农的，为什么不做一点物理化学有关科学方面的学问呢？为什么花多少年的工夫来考证《红楼梦》、《醒世姻缘》呢？我现在做一个坦白的自白，就是：我想用一种偷关漏税的方法来提倡一种科学的治学方法。我所有的小说考证，都是用人人知道的材料，用偷关漏税的方法，来讲做学问的方法的。譬如讲《红楼梦》，至少我对于研究《红楼梦》问题，我对它的态度的谨严，自己批评的严格，方法的自觉，同我考据水经注是一样的。我对于小说材料，看做同化学问题的药品材料一样，都是材料。我拿《水浒传》、《醒世姻缘》、《水经注》等书做学问的材料。拿一种人人都知道的材料用偷关漏税的方法，要人家不自觉的养成一种"大胆的假设，小心的求证"的方法。（《治学的方法》）

假设是人人可以提的。譬如有人提出骇人听闻的假设也无妨。假设是愈大胆愈好。但是提出一个假设，要想法子证实它。因此我们有了大胆的假设以后，还不要忘了小心的求证。比如我考证《红楼梦》的时候，我得到许多朋友的帮助，我找到许多材料。我已经印出的本子，是已经改了多少次的本子。我先要考出曹雪芹于《红楼梦》以外有没有其他著作？他的朋友和同他同时代的人有没有什么关于他的著作？他的父亲、叔父们有没有什么关于他的记载？关于他一家四代五个人，尤其是关于他的祖父曹寅，有多少材料可以知道他那时候的地位？家里有多少钱，多么阔？是不是真正能够招待皇帝到四次？我把这些有关的证据都想法找了来，加以详密的分析，结果才得到一个比较认为满意的假设，认定曹雪芹写《红楼梦》，并不是什么微言大义；只是一部平淡无奇的自传——曹家的历史。我得到这一家四代五个人的历史，就可以帮助说明。当然，我的假设并不是说就完全正确；但至少可以在这里证明“小心”求证这个工夫是很重要的。（《治学的方法》）

你尽可以提问，但须知听众需要的只是答案。而这二者间的距离正是该痛下功夫之处。治学、经国莫不如此。

## 实验室的态度

真正能够在实验室里注重小心求证的方法，出了实验室还能够把实验室的态度应用到社会问题、人生问题、道德问题、宗教问题的——这种人很少。今天我特别要引一个人的话作我讲演的材料：这人便是赫胥黎（T.H. Huxley）。他和达尔文二人，常常能够保持实验室的态度，严格的把这个方法与态度应用到人生问题和思想信仰上去。1860年，赫胥黎最爱的一个儿子死了。他有一个朋友，是英国社会上很有地位的文学家、社会研究家和宗教家，名叫金司莱（Charles Kinsley）。他写了一封信安慰赫胥黎，趁这个机会说："你在最悲痛的时候，应该想想人生的归宿问题吧！应该想想人死了还有灵魂，灵魂是不朽的吧！你总希望你的儿子，不是这么死了就了了。你在最哀痛的时候，应该考虑考虑灵魂不朽的问题啊！"

因为金司莱的地位很高，人格是很可敬的，所以赫胥黎也很诚恳的写了一封长信答复他。这信里有几句话，值得我引来作讲方法自觉的材料。他说："灵魂不朽这个说法，我并不否认，也不承认，因为我找不出充分的证据来接受它。我平常在科学室里的时候，我要相信别的学说，总得要有证据。假设你金司莱先生能够给我充分的证据，同样力量的证据，那么，我也可以相信灵魂不朽这个说法。但是，我的年纪越大，越感到人生最神圣的一件举动，就是口里说出和心里觉得'我相信某件事物是真的'；我认为说这一句话是人生最神圣的一件举动，人生最大的报酬和最大的惩罚都跟着这个神圣的举动而来的。”……我在好几篇文章里面常常引到这句话。今天摘出来作为说方法自觉的材料。赫胥黎把嘴里说出来，心里觉得“我相信某件事物是真的”这件事，看作人生最神圣的一种举动。无论是在科学上的小困难，或者是人生上的大问题，都得要严格的不信任一切没有充分证据的东西：这就是科学的态度，也就是做学问的基本态度。（《方法的自觉》）

实验室的态度，就是于无疑处起疑，然后寻找证据、创造证据来检验真理。就如亚里士多德对他老师所直言的：吾爱吾师，吾更爱真理！这是对理性的绝对崇拜，当然，你也可以把它视为另一种宗教。在这一宗教看来，运用理性来检验，而后崇拜理性并不是一种亵渎。

## 理性陪审团

我们讲到考证学，讲到方法的自觉，我提议我们应该参考现代国家法庭的证据法（Law of Evidence）。在西方证据法发达的国家，尤其是英美，他们的法庭中，都采用陪审制度，审案的时候，由十二个老百姓组成陪审团，听取两造律师的辩论。在陪审制度下，两造律师都要提出证人证物；彼此有权驳斥对方的证人证物。驳来驳去，许多证人证物都因此不能成立，或者减少了作证的力量。同时因为要顾到驳斥的关系，许多假的，不正确的和不相干的证据，都不能提出来了。陪审员听取两造的辩驳之后，开会判断谁有罪，谁无罪。然后法官根据陪审员的判断来定罪。譬如你说某人偷了表，你一定要拿出证据来。假如你说因为昨天晚上某人打了他的老婆，所以证明他偷了你的表，这个证明就不能成立。因为打老婆与偷表并没有关系。你要把这个证据提出来打官司，法官就不会让你提出来。就是提出来也没有力量。就算你修辞很好，讲的天花乱坠，也是没用的。因为不相干的证据不算是证据。陪审制度允许两造律师各

驳斥对方的证据，所以才有今天这样发达的证据法。（《方法的自觉》）

熟练地运用理性和逻辑走出成见的迷宫，这该是所谓现代公民素质的题中应有之意吧。

## 治学的秘诀之一：勤

科学方法是怎么得来的呢？一个人有好的天资、好的家庭、好的学校，好的先生，在极好的环境中，就可以养成了某种好的治学的习惯，也可以说是养成了好的做人的习惯。

比如明朝万历年间福建陈第先生，用科学方法研究中国的古音，证明衣服的“服”字古音读“逼”。他从古书里面，举出二十个证据来证明。过了几十年，江苏昆山的一个大思想家，也是大考据家，顾亭林先生，也作同样的考证；他举出一六二个证据来证明“服”字古音“逼”。那个时候，并没有归纳法、演绎法，但是他们从小就养成了某种做学问的好习惯。所以，我们要养成方法的自觉，最好是如临师保，如临父母，假设对方有律师在打击我，否认我提出的一切证据。这样就能养成良好的习惯。

宋人笔记中记有一个少年的进士问同乡老前辈：“做官有什么秘诀？”那个老前辈是个参政（副宰相），约略等于现在的行政院副院长，回答道：“做官要勤、谨、和、缓。”后人称为“做官四字诀”。我在小孩子的时候，就听到这个故事；当时没有注意。从前我们讲治学方法，讲归纳法，演绎法；后来年纪老一点了，才晓得做学问有成绩没有，并不在于读了“逻辑学”没有，而在于有没有养成“勤、谨、和、缓”的良好习惯。这四个字不但是做官的秘诀，也是良好的治学习惯。现在我把这四个字分别说明，作为今天演讲的结论。第一，勤。勤就是不躲懒，不偷懒。我上次在台大讲演，提到台大前校长傅斯年先生两句口号：“上穷碧落下黄泉，动手动脚找东西。”那就是勤。顾亭林先生的证明“服”字古音是“逼”，找出一六二个证据，也是勤。我花了几年的功夫来考证《醒世姻缘》的作者；又为“审判”水经注的案子，上天下地去找材料。花了五年多的功夫：这都是不敢躲懒的意思。（《方法的自觉》）

勤能补拙是良训，一分耕耘，一分收获。做任何事业，只要不计回报执着投入，生活是会慢慢向你露出微笑的。

## 治学的秘诀之二：谨

第二，谨。谨就是不苟且、不潦草、不拆滥污。谨也可以说是恭敬的“敬”。孔子说“执事敬”，就是教人做一件事要郑重的去做，不可以苟且。他又说“出门如见大宾，使民如承大祭。”都是敬事的意思。一点一滴都不苟且，一字一笔都不放过，就是谨。谨，就是“小心的求证”中的“小心”两个字。

刚才我引了赫胥黎的两句话：“人生最神圣的一件举动就是嘴里说出，心里觉得‘我相信某件事物是真的’。”判断某人做贼，某人卖国，要以神圣的态度作出来；嘴里说这句话，心里觉得“相信是真的”。这真是要用孔夫子所谓“如见大宾，如承大祭”的态度的。所以，谨就是把事情看得严谨，神圣；就是谨慎。（《方法的自觉》）

相信神圣，必定严谨。至于何为神圣，是人心、人身，抑或人伦，端看各自的把握与修行了。

## 治学的秘诀之三：和

第三，和。和就是虚心，不武断，不固执成见，不动火气。做考据，尤其是用证据来判断古今事实的真伪、有无、是非，不能动火气。不但不正当的火气不能动，就是正义的火气也动不得。做学问要和平、虚心。动了肝火，是非就看不清楚。赫胥黎说："科学好像教训我们：你最好站在事实的面前，像一个小孩子一样；要愿意抛弃一切先入的成见，要谦虚的跟着事实走，不管它带你到什么危险的境地去。"这就是和。（《方法的自觉》）

心平气和，自己六神归一，他人如沐春风。走过迷宫的人明白：只有心神宁静，才能脱困而出；一味心急火燎终是于事无补。

## 治学的秘诀之四：缓

第四，缓。宋人笔记：“当那位参政提出‘缓’字的时候，那些性急的人就抗议说缓要不得；不能缓。”缓，是很要紧的。就是叫你不着急，不要轻易发表，不要轻易下结论；就是说“凉凉去吧！搁一搁、歇一歇吧！”凡是证据不充分或不满意的时候，姑且悬而不断，悬一年两年都可以。悬并不是不管，而是去找新材料。等找到更好的证据的时候，再来审判这个案子。这是最重要的一点。许多问题，在证据不充分的时候，绝对不可以下判断。达尔文有了生物进化的假设以后，搜集证据，反复实验，花了二十年的功夫，还以为自己的结论没有到了完善的地步，而不肯发表。他同朋友通信，曾讨论到生物的演化是从微细的变异积累起来的，但是总是不肯正式发表。后来到了1858年，另外一位科学家华立氏（Wallace）也得到了同样的结论，写了一篇文章寄给达尔文；要达尔文代为提出。达尔文不愿自己抢先发表而减低华立氏发现的功绩，遂把全盘事情交两位朋友处理。后来这两位朋友决定，把华立氏文章以及达尔文在1857年写给朋友的信和在1844年所作理论的摘要同时于1858年7月1日发表。达尔文这样谦让，固然是盛德，但最重要的是他给了我们一个“缓”的例子。他的生物进化论，因为自己觉得证据还没有十分充足，从开始想到以后，经过二十年还不肯发表：这就是缓。我以为缓字很重要。如果不能缓，也就不肯谨，不肯勤，不肯和了。（《方法的自觉》）

所谓事缓则圆，欲速则不达。这不是世故圆滑的生存智慧，而是正心诚意、担当大义，是对责任与规律的深刻把握，是更高层次的智慧。

## 蜜蜂式的学问家

在三百多年以前，英国有一位哲学家叫做培根（Francis Bacon）。他可以说是鼓吹方法论革命的人。他有一个很有趣的譬喻；他将做学问的人运用材料比做三种动物。第一种人好比蜘蛛。他的材料不是从外面找来，而是从肚里面吐出来的。他用他自己无穷无尽的丝做成很多很好看的蜘蛛网。这种人叫做蜘蛛式的做学问的人。

第二种人好比蚂蚁。他也找材料，但是找到了材料不会用，而堆积起来；好比蚂蚁遇到什么东西就背回洞里藏起来过冬，但是他不能够自己用这种材料做一番制造的工夫。这种做学问的人叫做蚂蚁式的学问家。

第三种人可宝贵了，他们好比蜜蜂。蜜蜂飞出去到有花的地方，采取百花的精华；采了回来，自己加上一番制造的工夫，成了蜜糖。培根说，这是做学问人的最好的模范——蜜蜂式的学问家。我觉得这个意思，很可以作为我今天讲“方法与材料”的说明。（《方法与材料》）

广泛汲取，吐故纳新，化繁为简，点石成金。消化旧材料的过程，就是创建新理论的基础。

## 上穷碧落下黄泉

……只拿找材料做标准来批评，我二十几年来以科学的方法考证旧小说，也替中国文学史上扩充了无数的新证据。

我所以举《红楼梦》的研究为例，是说明如果没有这些新的材料，我们的考证就没有成绩。我研究这部书，因为所用的方法比较谨严，比较肯去上天下地动手动脚找材料，所以找到一个最早的脂砚斋抄本——曹雪芹自己批的本子，和一个完全的八十回的抄本，以及无疑的最早的印本——活字本，再加上曹家几代的传记材料。因为有这些新材料，所以我们的研究才能有点成绩。但是亦因为研究，我们得以扩张材料：这一点是我们可以安慰自己的。

此外如《儒林外史》，是中国的第一部小说。这本书是一个很有思想的吴敬梓做的。当我在研究时，还不知道吴敬梓是安徽全椒人。我为了考证他的人，要搜求关于他的材料。不到几个月的工夫，就找到了吴敬梓诗文集全集，后面还附有他儿子的诗。这厚厚的一本书，在书店中别人都不要的，我花一块半钱就买到了。这当时是一个海内孤本（我恐怕他失传，所以重印了几千册）。就拿这种考证来讲，方法与材料的关系是很重要的。如果没有材料，就没有法子研究；而因为考证时能够搜求材料，又可以增加了许多新材料。（《方法与材料》）

手里已有的材料，只是一个“破案”的线索。好比大侦探用有限的线索顺藤摸瓜，总能找出罪犯的蛛丝马迹。案情越挖越深，逐渐明朗，真相逐渐浮出水面。治学也是如此，从材料中能不断扩张，逐渐深入，最终发现真理和规律。

## 动手动脚找东西

我搜求神会和尚的材料，在巴黎发现敦煌所藏的两个卷子。我把它印出来以后，不到三年，日本有位石井实先生，买到了一个不很长的敦煌的卷子，也是与神会和尚有关的材料。这个卷子和我所发现的材料比较起来，他的前面一段比我发现的少，后面一段比我发现的多。这个卷子，他也印出来了。另外一位日本学者铃木，也有一卷关于神会的卷子；这和我所发现的是一个东西，但是抄写的不同，有多有少，可以互相补充。因为考证佛教史中禅宗这个小小的问题，增添了上面所说的许多材料……

总之，因为我考证中国佛教新的宗派在八世纪时变成中国正统的禅宗的历史，我就发现了许多新的材料。（《方法与材料》）

只在眼前的世界中挥汗如雨，可能也是白忙活一场。好比旅行中看到怡人景色，立刻停下，殊不知，前路还有更美的风景！只有勇于探索，不断寻找的人，才能实现最初的梦想。

## 所有的创见都来自于实践

凡是有价值的思想，都是从这个那个具体的问题下手的。先研究了问题的种种方面的种种事实，看看究竟病在何处，这是思想的第一步工夫。然后根据于一生经验学问，提出种种解决的方法，提出种种医病的丹方，这是思想的第二步工夫。然后用一生的经验学问，加上想象的能力，推想每一种假定的解决法，该有甚么样的结果，推想这种效果是否真能解决眼前这个困难问题。推想的结果，拣定一种假定的解决，认为我的主张，这是思想的第三步工夫。凡是有价值的主张，都是先经过这三步工夫来的。不如此，不算舆论家，只可算是钞书手。（《多研究些问题，少谈些“主义”》）

所有的主义都来自于问题，所有的创见都来自于实践。主义是为了解决问题，创见是为了发展实践。

## 常识的力量

我们希望学生注意以下几点：

（1）平民夜校。注重本地的需要，介绍卫生的常识，职业的常识，和公民的常识。

（2）通俗讲演。现在那些“同胞快醒，国要亡了”，“杀卖国贼”，“爱国是人生的义务”等等空话的讲演，是不能持久的，说了两三遍就没有用了。我们希望学生注重科学常识的讲演。改良风俗的讲演。破除迷信的讲演。譬如你今天演说“下雨”，你不能不先研究雨是怎样来的，何以从天上下来；听的人也可以因此知道雨不是龙王菩萨洒下来的，也可以知道雨不是道士和尚求得下来的。又如你明天演说“种田何以须用石灰作肥料”，你就不能不研究石灰的化学性，听的人也可以因此知道肥料的道理。这种讲演，不但于人有益，于自己也极有益。（《我们对于学生的希望》）

常识的力量是最强大的力量，也是最容易被忽略的力量。用常识浇灌社会，才会有正常和健康的土壤。英国的职业演说家们，在公园聚集处，搭个箱子就一站到底。因为他们深知：知识从生活中来，就要到公众中去。

## 最有效的记忆法门

公开讲演也是个最好的机会，让一个人去训练他自己的写作；训练他作笔记的系统化。这些种不同形式的表达方法可以强迫一个人，对一项命题去组织他的感想、观念和知识；这样可使他以写作的方式，对他要表达的题目了解得更清楚。所以我对公开讲演的好处，曾撰一简单的格言来加以概括。这格言便是：

要使你所得印象变成你自己的，最有效的法子是记录或表现成文章。

大凡一个人的观念和印象通常都是很空泛的；空泛的观念事实上并不是他的私产。但是一个人如他的观念和感想，真正按照逻辑，系统化的组织起来，在这情况之下——也只有在这种情况之下——这些观念和感想，才可以说是真正属于他的了。（《青年期的政治训练》）

最有效的记忆法门，是掺入自己的智慧与情感，于人，于事，均是如此。

## 什么是枷锁，什么是解放

> 我确信中国哲学的未来，有赖于从儒学的道德伦理和理性的枷锁中获得解放……儒学曾经只是流行于古代中国的很多敌对的学派中的一派，因此，只要不把它看作精神的、道德的、哲学的势力巨子的独一源泉，而只是在光辉灿烂群星中的一颗明星，那末，儒学的被废黜便不成题目了。（《先秦名学史》）

胡适的哲学史研究，是他在“五四”新文化运动中倡导的“输入学理、研究题目、清算国故、再造文明”的一种实践。按他自己的说法就是用“疑古”的态度，用理性和批判性去重估传统价值。也就是要对以往的风尚制度、圣贤教导、公共信奉持一种评判，即猜疑的立场。“清算”之后才是“再造”。

对于这一立场，胡适是颇为自得的，他晚年曾说：“我那本著作（指《中国哲学史大纲》）里至少有一项新特征，那便是我把各家思想，一视同仁。我把儒家以外的，甚至是反儒非儒的思想家，如墨子，与孔子并列，这在1919年便是一项小小的革命。”他甚至将这一“革命”与“哥白尼革命”相提并论：“这一转变简直与西洋思想史上，把地心说转向日心说的哥白尼的思想革命一样。在中国文化史上我们也真实企图搞出个具体而微的哥白尼革命来。我们在学术研究上不再独崇儒术。”①

① 近代中国的积贫积弱，在胡适看来，传统文化（主要是儒家思想）及其导致的思维方式要负上很大的责任，他提倡的“整理国故、再造文明”，换个角度来说，就是要把中国传统学术纳入近代西方文化系统的框架中去检验和剪裁。不过这一观点也受到了所谓现代新儒家的质疑，后者认为对传统文化应抱有“同情和敬意”——熊十力：“今人对旧学观念，除唾弃不顾外，只有玩古董之心理。”马一浮：“诸生欲治国学，有几点先须辩明，方能有入：一、此学不是零碎断片的知识，是有体系的，不可当成杂货；二、此学不是陈旧呆板的物事，是活泼泼的，不可目为古董；三、此学不是勉强安排出来的道理，是自然流出的，不可同于机械；四、此学不是凭藉外缘的产物，是自心本具的，不可视为分外。”唐君毅：“中国五四运动以来流行之整理国故之口号，亦是把中国以前之学术文化，统于一‘国故’之名词之下，而不免视之如字纸篓中之物，只待整理一番，以便归档存案的……这一种观念，我们首先恳请大家将其去掉。”牟宗三：“我们的文化不是死的，而是个现在还活着的生命，还需要奋斗，还要自己做主往前进。若是把我们的文化限在过去，而只划定为考古的范围，直成了死的古董，这样不是把中国文化看成活的文化，这种态度根本上即是错误的，骨子里即是认为中国文化是死的、现在已不存在了。这个态度本身即是个轻视中国文化的态度，是相当不友善的。”

## 建设一个中国本位的文化

我们应怎样才能以最有效的方式吸收现代文化，使它能同我们的固有文化相一致、协调和继续发展？这个大问题的解决，唯有依靠新中国知识界领导人物的远见和历史连续性的意识，依靠他们的机智和技巧，能够成功地把现代文化的精华与中国自己的文化精华联结起来。（《先秦名学史》）

我们肯往前看的人们，应该虚心接受这个科学工艺的世界文化和它背后的精神文明，让那个世界文化充分和我们的老文化自由接触，自由切磋琢磨，借它的朝气锐气来打掉一点我们的老文化的惰性和暮气。将来文化大变动的结晶品，当然是一个中国本位的文化，那是毫无可疑的。（《试评所谓“中国本位的文化建设”》）

当世界日益物质化、平庸化，当康德所谓道德律令如灿烂星空位于天外，却再难进入人心，也许儒家文化所强调的“明知不可而为之”的责任感，“仁者爱人”的爱心，“己所不欲勿施于人”的同理心，恰好可以作为某种对治。

## 社会进步的基本条件

我深信思想信仰的自由与言论出版的自由是社会改革与文化进步的基本条件。自从四百多年前马丁路得发动宗教革新以来，争取各种自由的运动渐渐成功，打开了一个学术革新，思想多元化发展，社会革新，政治改造的新鲜世界。如果没有思想信仰言论出版的自由，天文物理化学生物进化的新理论当然不会见天日，洛克，伏尔泰，卢骚，节浮生，以至马克斯，恩格尔的政治社会新思想也当然都不会流行传播，这是世界近代史的明显事实，用不着我多说。（《我们必须选择我们的方向》）

多一分思想交锋的可能，便少一分社会动荡的威胁。

第五章

# 什么是贞操，什么是爱

什么是夫妻之爱？胡适给我们提供了一个典范的答案。夫妻相处之道，最重要的一点就是互相宽容，互相忍让。胡适的婚姻，完全是母亲之命，他却将其经营了一生一世。他们本是水火不相容的两种个性，不是没有矛盾，只是胡适善于解决矛盾，和谐为上，因此婚姻路上也就平坦地一路走来。他与妻子江冬秀的婚姻维持了半个世纪之久，成为民国史上一段佳话。

什么是父子之爱？面对孩子的成长教育，胡适少了几分简单粗暴，多了几分宽容和蔼。当妻子斥责孩子，认为“不骂，孩子就不晓得厉害”时，胡适却说“应该把儿子看作朋友”。在担任驻美大使的繁忙之中，他还专门写信劝说妻子不要粗暴地责骂孩子。当然，他也是一位严父，坚持让孩子离家历练，独立自主。即使是体弱多病的小儿子思杜，也要离开母亲远赴西南边陲读书。他的家庭教育观，将中国传统的家训文化与西方的现代独立精神相结合。

他是宽容的丈夫，也是慈爱的父亲。他的人伦之情，总是有着超越时代的冷静和理性。

## 忍让宽容也是一种爱

那天晚上，我若一任性，必至闹翻。我至今回想，那时确是危机一发之时。我这十几年的婚姻旧约，只有这几点钟是我自己有意矜持的。我自信那一晚与第二天早上的行为也不过是一个Gentlemen（绅士）应该做的。我受了半世的教育，若不能应付这样一点小境地，我就该惭愧终身了。（《1921年10月30日胡适日记》）

家庭幸福的原因林林总总，但都有一个共同点——宽容！夫妻之间，忍让宽容也是一种爱！玫瑰固然会留下满室馨香，可花瓣凋谢后也需要清扫。既然爱人的亲吻和拥抱让人留恋，其不足或（与你的）不同就更值得包容。

胡适总结数十年的婚姻生活，道出此真言。愿婚姻中人都能以君子之法、绅士之道去接纳对方，约束自己！

## 缘起缘灭，缘聚缘散

因为美国的结婚，总算是自由结婚；而自由结婚的根本观念就是要夫妇相敬相爱，先有精神上的契合，然后可以有形体上的结婚。不料结婚之后，方才发现从前的错误，方才知道他两人决不能有精神上的爱情。既不能有精神上的爱情，若还依旧同居，不但违背自由结婚的原理，并且必至于堕落各人的人格，决没有良好的结果，更没有家庭幸福可说了。所以离婚案之多，未必全由于风俗的败坏，也未必不由于个人人格的尊贵。我们观风问俗的人，不可把我们的眼光，胡乱批评别国礼俗。（《美国的妇人——在北京女子师范学校讲演》）

我在美洲也曾见过这种自由恋爱的男女，觉得他们真能尊重彼此的人格。这一层周作人先生已说过了，我且不多说。至于容易的离婚，先生也不免有点误解。我从前在“美国的妇人”一篇里曾有一节论美国多离婚案之故道：……自由结婚的根本观念就是要夫妇相敬相爱，先有精神上的契合，然后可以有形体上的结婚。（《论贞操问题——答蓝志先》）

佛说，前世五百次的回眸，才能换来今生的擦肩而过；前世一千次的回眸，才能换来今生一次有缘相见。但这缘却并非一世携手的承诺。完满的婚姻仍该是灵与肉的结合吧，而当爱随风逝去，洒脱放手也许更能保持各自的人格完整。

# 自由恋爱

古今正式主张自由恋爱的人，大概总有一种个性的人生观，决不是主张性欲自由的。最著名的先例是William Godwin和Wollstonecraft的关系。Godwin最有名的著作Political Justice是主张自由恋爱最早的一部书。他后来遇见那位女界的怪杰Wollstonecraft，居然实行他们理想中的恋爱生活。Godwin书中曾说自由恋爱未必就有“乱淫”的危险，因为人类的通性总会趋向一个伴侣，不爱杂交；再加上朋友的交情，自然会把粗鄙的情欲变高尚了。即使让一步，承认自由恋爱容易解散，这也未必一定是最坏的事。论者只该问这一桩离散是有理无理，不该问离散是难是易……自由恋爱的离散未必全由于性欲的厌倦，也许是因为人格上有不能再同居的理由。他们既然是人格的结合，——有主张的自由恋爱应该是人格的结合！——如今觉得继续同居有妨碍于彼此的人格，自然可以由两方自由解散了。（《论贞操问题——答蓝志先》）

所谓自由恋爱，无非是两个具备独立与平等人格的个体灵与肉的真诚交往。因其真挚诚敬所以纯洁，因其独立平等所以自由。

## 人格的爱

夫妇的关系所以和别的关系（如兄弟姊妹朋友）不同，正为有这一点异性的恋爱在内。若没有一种真挚专一的异性的恋爱，那么共同生活便成了不可终日的痛苦，名分观念便成了虚伪的招牌，儿女的牵系便也和猪狗的母子关系没有大分别了。我们现在且不要悬空高谈理想的夫妇关系，且仔细观察最大多数人的实际夫妇关系究竟是什么样子。我以为我们若从事实上的观察作根据，一定可以得到这个断语：夫妇之间的正当关系应该以异性的恋爱为主要元素；异性的恋爱专注在一个目的，情愿自己制裁性欲的自由，情愿永久和他所专注的目的共同生活，这便是正当的夫妇关系。人格的爱，不是别的，就是这种正当的异性恋爱加上一种自觉心。（《论贞操问题——答蓝志先》）

如果说婚姻中应该要有真爱，那么所谓真爱就一定包含着牺牲。真爱，从来就不是从心所欲。

## 贞操是夫妇相待的一种态度

但是夫妇之间的“人格问题”，依我看来只不过是真一的异性恋爱加上一种自觉心。中国古代所说“夫妇相敬如宾”的敬字便含有尊重人格的意味。人格的爱情，自然应该格外尊重贞操。但是人格的观念，根本上研究起来，实在是超于平常人心里的“贞操”观念的范围以外。平常人所谓“贞操”，大概指周作人先生所说的“信实”，我所说的“真一”，和先生所说的“一夫一妇”。但是人格的观念有时不限于此。先生屡用易卜生的“娜拉”为例。即以此戏看来，郝尔茂对于娜拉并不曾违背“贞操”的道德。娜拉弃家出门，并不是为了贞操问题，乃是为了人格问题，这就可见人格问题是超于贞操问题了。（《论贞操问题——答蓝志先》）

贞操乃是夫妇相待的一种态度。夫妇之间爱情深了，恩谊厚了，无论谁生谁死，无论生时死后，都不忍把这爱情移于别人，这便是贞操。夫妻之间若没有爱情恩意，即没有贞操可说。若不问夫妇之间有无可以永久不变的爱情，若不问做丈夫的配不配受他妻子的贞操，只晓得主张做妻子的总该替他丈夫守节；这是一偏的贞操论，这是不合人情公理的伦理。（《贞操问题》）

在胡适看来，所谓贞操是真爱的自然组成部分，是浑然一体的“敬”，不是肉体要出轨，而灵魂却时时劝诫，别有一个道德概念在。用他自己的话来说：“因为我所说的‘贞操’即是异性恋爱的真挚专一（所谓真一的异性恋爱）。没有爱情的夫妇关系，都不是正当的夫妇关系，只可说是异性的强迫同居！既不是正当的夫妇，更有什么贞操可说？”

## 夫妇平等

先生说，“夫妇的平等关系，是人格的平等，待遇的平等，不是男女做同样的事才算平等。”这话固然不错。男女不能做完全同样的事，这是人所共知的。但是有许多事是男女都能做的。古来相传的家庭制度，把许多极繁琐的事看作妇人的天职：有钱的人家固然可以雇人代做，但是中人以下的人家，这是做不到的；因此往往有可造就的女子人才竟被家庭事务埋没了，不能有机会发展她的个性的才能。欧美提倡废家庭制度的人，大多数是自食其力的美术家和文人。这一派人所以反对家庭，正因为家庭的负担有碍于他们才性的自由发展。还有那避妊的行为，也是为此。先生说他们的流弊可以“把一切文明事业尽行推翻”，未免太过了。（《论贞操问题——答蓝志先》）

所谓文明，正是要尽可能地发挥每一个人的才情与潜能。

## 不留隔夜仇

我是孤零零的一个人，每晚上总是我一个人最晚一个去睡。自从去冬病后，每晚睡觉之前，总喝一杯热的俄勿廷（Ovaltine），再吃一粒安眠药。厨子是天津人，他每晚上放两个热水瓶在床前，一瓶是冰水，一瓶是热的俄勿廷。今晚上家里有十三个客人，客散时已十二点，人都去睡了，只有我还在这里写家信给妻子申冤枉！到一点半才睡！！（《1939 年 10 月 12 日给江冬秀的信》）

胡适任驻美国大使期间，收到了妻子江冬秀的一封信，其实是怀疑丈夫做了大使，有了外遇。于是深夜时分，只有他还没有睡下，因为还在给妻子写“申冤信”。

爱的激情不会驻留一生，炫目的光晕褪去后，夫妻必须共同面对柴米油盐的庸常与琐碎。磕磕绊绊在所难免。可是矛盾如何解决呢？胡适的办法是：即刻解决。因为“夫妻没有隔夜仇”，等到积怨已深，那根姻缘的红线就再已无力拉回两颗灵魂……

## 婚姻不是速配

知识一方面，女子的程度高了，往往瞧不起平常的男子；若要寻恰好相当的智识上的伴侣，却又“可遇而不可求”。所以有许多女子往往宁可终身不嫁，不情愿嫁平常的丈夫。

从男子一方面设想，他觉得那些知识程度太高的女子，只配在大学里当教授，未必很配在家庭里做夫人；所以有许多人决意不敢娶那些“博士派”（Ph.D. type）的女子做妻子。这虽是男子的谬见，却也是女子不嫁一种小原因。（《美国的妇人——在北京女子师范学校讲演》）

婚姻不是相亲大会的速配，也不是寻常世俗的登对，而是要左手牵住右手，不论贫苦疾病，永不言弃地走下去。当然，这是就理想状态而言。

## 婚姻的神圣

我且引柏拉图的《共和国》中论公妻的一节为证：

（Republic，四五八～四五九页）

假定你做了（这个理想国的）立法官，既然选出了那些最好的男子，就该选出一些最好的女子，要拣那些最配得上这些男子的，使他们男女同居公共的房子，同在一块用餐……

……

但是这种事的进行须要有秩序。在这个乐国里面，淫乱是该禁止的。

（答）应该如此。

你的主张是要使配偶成为最高洁神圣的，要使这种最有益的配偶成为最高洁神圣的吗？

（答）正是。（《论贞操问题——答蓝志先》）

爱上一个人呢，只需要一秒钟的时间。而实践这个爱字，却要用尽一生。婚姻，也许就是在神的面前许下的誓言。无论贫穷疾苦、病患灾祸，都不能把这对男女分开。如有违背，人神共愤。

## 自尊与自立

人人都觉得自己是堂堂地一个“人”，有该尽的义务，有可做的事业。良善的社会绝不是如今这些互相依赖，不能“自立”的男女所能造成的，所以我说那种“自立”精神，初看去，似乎完全是极端的个人主义，其实是良善社会绝不可少的条件。（《美国的妇人——在北京女子师范学校讲演》）

懂得自立，追寻价值，获取尊严。只有夫妇间的精神共鸣，才有夫妇间的琴瑟和谐！

## 我必须是你近旁的一株木棉

依我的观察，美国的妇女，无论在何等境遇，无论做何等事业，无论已嫁未嫁，大概都存一个“自立”的心。别国的妇女大概以“良妻贤母”为目的。美国的妇女大概以“自立”为目的，“自立”的意义，只是要发展个人的才性，可以不倚赖别人，自己能独立生活，自己能替社会作事。（《美国的妇人——在北京女子师范学校讲演》）

舒婷在《致橡树》中写道：“我如果爱你，绝不像攀援的凌霄花，借你的高枝炫耀自己。……我必须是你近旁的一株木棉，作为树的形象，和你站在一起……仿佛永远分离，又仿佛终身相依。”

## 堂堂的一个女人

中国古代传下来的心理，以为“妇人主中馈”，“男子治外，女子主内”；妇人称丈夫为“外子”，丈夫称妻子为“内助”。这种区别，是现代美国妇女所绝对不承认的。她们以为男女同是“人类”，都该努力做一个自由独立的“人”，没有什么内外的区别的。（《美国的妇人——在北京女子师范学校讲演》）

据一九一零年的统计，美国共有四千四百万妇女。这八百万有职业的妇人，还不到全数的五分之一。那些其余的妇女，虽然不出去做独立的生活，却并不是坐吃分利的，也并不是没有左右社会的势力的。我在美国住了七年，觉得美国没有一桩大事发生，中间没有妇女的势力的；没有一种有价值的运动，中间没有无数热心妇女出钱出力维持进行的。最大的运动，如“禁酒运动”、“妇女选举权运动”、“反对幼童作苦工运动”，……几乎全靠妇女的功劳，才有今日那么发达。此外如宗教的事业，慈善的事业，文学的事业，美术音乐的事业，……最热心提倡赞助的人都是妇女占最大多数。

（《美国的妇人——在北京女子师范学校讲演》）

这便是胡适所谓女性该有的一种“超于良妻贤母”的人生观。他曾在《美国的妇人》一文中写道：“我在席上，估量这位女子，大概不过三十岁上下，却带着一种苍老的状态，倔强的精神。她的一言一动，似乎都表示这种‘超于良妻贤母的人生观’，似乎都会说道：‘做一个良妻贤母，何尝不好？但我是堂堂地一个人，有许多该尽的责任，有许多可做的事业。何必定须做人家的良妻贤母，才算尽我的天职，才算做我的事业呢？’”

胡适认为，“这种（超于良妻贤母的）观念是我们中国妇女所最缺乏的观念。”这种风气，倘能传播开去，便会“渐渐的造成无数‘自立’的男女，人人都觉得自己是堂堂的一个‘人’，有该尽的义务，有可做的事业”。

## 和而不同的夫妻之道

这是说不嫁的女子。如今且说几种已嫁的妇女的家庭。

……

第三种是夫妇各有特别性质，各有特别生活，却又都能相安相得的家庭。我且举一个例。有一个朋友，在纽约一家洋海转运公司内做经理，天天上公司去办事。他的夫人是一个“社交妇人”，善于应酬，懂得几国的文学，又研究美术音乐。每月他开一两次茶会，到的人，有文学家，也有画师，也有音乐家，也有新闻记者，也有很奢华的“社交妇人”，也有衣饰古怪，披着头发的“新妇女”。这位主妇四面招呼，面面都到。来的人从不得见男主人，男主人也从来不与闻这种集会。但他们夫妇却极相投相爱，决不因此生何等间隔。这是一种“和而不同”的家庭。

第四种是“新妇女”的家庭。“新妇女”是一个新名词，所指的是一种新派的妇女，言论非常激烈，行为往往趋于极端。不信宗教，不依礼法，却又思想极高，道德极高。内中固然也有许多假装的“新妇女”，口不应心，所行与所说大相反悖的。但内中实在有些极有思想，极有道德的妇女。我在 Ithaca 时，有一位男同学，学的是城市风景工程，却极喜欢研究文学，做得极好的诗文，后来我到纽约不上一个月，忽然收到一个女子来信，自言是我这位同学的妻子，因为平日听她丈夫说起我，故很想见我。我自然去见她，谈起来，才知道她是一个“新妇人”，学问思想，都极高尚。她丈夫那时还在 Cornell 大学的大学院研究高等学问。这位女子在 Columbia 大学做一个打字的书记，自己谋生，每星期五六夜去学高等音乐。他们夫妇隔开二百多英里，每月会见一次，她丈夫继续学他的风景工程，他夫人继续学她的音乐。他们每日写一封信，虽不相见，却真和朝夕相见一样。这种家庭，几乎没有“家庭”可说；但我和他们做了几年的朋友，觉得他们那种生活，最足代表我所说的“自立”的精神。他们虽结了婚，成了夫妇，却依旧做他们的“自立”生活。这种人在美国虽属少数，但很可表示美国妇女最近的一种趋向了。（《美国的妇人——在北京女子师范学校讲演》）

女人的幸福，在于自己的创造，不是男人的恩赐；女人的魅力，在于用心感悟生活，而非男人的殷勤；女人的尊严，在于独立与自立，不能由男人主宰！

## “要人类都受正当的幸福”

贞操问题之中，第一无道理的，便是这个替未婚夫守节和殉烈的风俗。在文明国里，男女用自由意志，由高尚的恋爱，订了婚约，有时男的或女的不幸死了，剩下的那一个因为生时爱情太深，故情愿不再婚嫁。这是合情理的事。若在婚姻不自由之国，男女订婚以后，女的还不知男的面长面短，有何情爱可言？不料竟有一种陋儒，用“青史上留名的事”来鼓励无知女儿做烈女，“为伦纪生色”“风化所关，猗欤盛矣！”我以为我们今日若要作具体的贞操论，第一步就该反对这种忍心害理的烈女论，要渐渐养成一种舆论，不但永不把这种行为看作“猗欤盛矣”可旌表褒扬的事，还要公认这是不合人情，不合天理的罪恶；还要公认劝人做烈女，罪等于故意杀人。

这不过是贞操问题的一方面。这个问题的真相，已经与谢野晶子说得很明白了。他提出几个疑问，内中有一条是：“贞操是否单是女子必要的道德，还是男女都必要的呢？”这个疑问，在中国更为重要。中国的男子要他们的妻子替他们守贞守节，他们自己却公然嫖妓，公然纳妾，公然“吊膀子”。再嫁的妇人在社会上几乎没有社交的资格；再婚的男子，多妻的男子，却一毫不损失他们的身份，这不是最不平等的事吗？怪不得古人要请“周婆制礼”来补救“周公制礼”的不平等了。（《贞操问题》）

1918年5月15日《新青年》刊发了周作人的译作《贞操论》，其主要观点是：没有爱情的婚姻不仅是不道德的，而且是应该解除的——“人心不能永久固定，恋爱也难免有解体的时候，就是用热烈的爱情结合的夫妇，未必便能永久一致”，“在这样的（新的）夫妻关系上，结婚这形式，便毫无用处。爱情结合，结了协同关系；爱情分裂，只须离散”。作品一发表，立刻得到了提倡“新文化”的胡适的响应，他同样在《新青年》上刊发《贞操问题》一文，猛烈抨击北洋政府刚公布之所谓《中华民国褒扬条例》——鲁迅也立即发表《我之节烈观》，明确提出“自他两利”的道德原则，大声疾呼：“要除去于人生毫无意义的苦痛。要除去制造并赏玩别人痛苦的昏迷和强暴”，“要人类都受正当的幸福！”

## 一个父亲的情怀

我实在不要儿子，
儿子自己来了。
“无后主义”的招牌，
于今挂不起来了！
譬如树上开花，
花落天然结果。
那果便是你。
那树便是我。
树本无心结子，
我也无恩于你。
但是你既来了，
我不能不养你教你，
那是我对人道的义务，
并不是我待你的恩谊。
将来你长大时，
这是我所期望于你：
我要你做一个堂堂的人，
不要做我的孝顺儿子。（《我的儿子》）

父母不是债主，不是今日哺育了子女，子女就欠下父母债，成人后一定得反哺。父母也不是恩主，想永远照耀着子女前行的路途，让他们走得更轻松。

胡适对这个问题有着通透的认识，他不愿意儿子变成自己的附庸，只希望他成为一个合格的公民。这是一个父亲质朴而伟大，实在又温暖的情怀。

用他自己的话来说："'父母于子无恩'的话，从王充、孔融以来，也很久了。从前有人说我曾提倡这话，我实在不能承认。直到今年我自己生了一个儿子，我才想到这个问题上去。我想这个孩子自己并不曾自由主张要生在我家，我们做父母的不曾得他的同意，就糊里糊涂的给了他一条生命。况且我们也并不曾有意送给他这条生命。我们既无意，如何能居功？如何能自以为有恩于他？他既无意求生，我们生了他，我们对他只有抱歉，更不能'市恩'了。我们糊里糊涂的替社会上添了一个人，这个人将来一生的苦乐祸福，这个人将来在社会上的功罪，我们应该负一部分的责任。说得偏激一点，我们生一个儿子，就好比替他种下了祸根，又替社会种下了祸根。他也许养成坏习惯，做一个短命浪子；

他也许更堕落下去，做一个军阀派的走狗。所以我们‘教他养他’，只是我们自己减轻罪过的法子，只是我们种下祸根之后自己补过弥缝的法子。这可以说是恩典吗？”

“所以我要我的儿子做一个堂堂的人，不要他做我的孝顺儿子。我的意想以为‘一个堂堂的人’决不至于做打爹骂娘的事，决不至于对他的父母毫无感情。”

## 一位开放并自立的母亲

慈幼运动的中心问题是养成有现代知识训练的母亲。母亲不能慈幼，或不知怎样慈幼，则一切慈幼运动都无是处。现在的女子教育似乎很忽略这一方面，故受过中等教育的女子往往不知道怎样养育孩子。上月西湖博览会的卫生馆有一间房子墙上陈列许多产科卫生的图画，和传染病的图画。我看见一些女学生进来参观，她们见了这种图画往往掩面飞跑而过。这是很可惜的。女子教育的目的固然是要养成能独立的"人"，同时也不能不养成做妻做母的知识。从前昏谬的圣贤说，"未有学养子而后嫁者也"。现在我们正要个个女子先学养子，学教子，学怎样保卫儿童的卫生，然后谈恋爱，择伴侣。故慈幼运动应该注重：（甲）女学的扩充，（乙）女子教育的改善。（《慈幼的问题》）

因为"要改良家庭教育，第一步便是广开女学堂"，"这女学堂便是制造好母亲的大制造厂。"（《论家庭教育》）

所谓好妈妈胜过好老师。女性的开放与自立，除了为她自己性情的完善与潜能的开发，于家庭与社会更重要的一环——孩子的教育和文明的传承，都是不可或缺的素质。

## 儿童就如一个精神的胚胎

儿童的教育应该根据于儿童生理和心理。这是慈幼运动的一个基本原则。向来的学堂完全违背儿童心理，只教儿童念死书，下死劲。近年的小学全用国语教课，减少课堂工作，增加游戏运动，固然是一大进步。但我知道各地至今还有许多小学校不肯用国语课本，或用国语课本而另加古文课本；甚至于强迫儿童在小学二三年级作文言文，这是明明违背民国十一年以来的新学制，并且根本不合儿童生理和心理。

慈幼的意义是改善儿童的待遇，提高儿童的幸福。（《慈幼的问题》）

儿童就如一个精神的胚胎（蒙台梭利），没有健康的母体，就不会有健康的成长。

# 怎样对待孩子

我的一个朋友对我说过一句很深刻的话:“你要看一个国家的文明,只消考察三件事:第一,看他们怎样待小孩子;第二,看他们怎样待女人;第三,看他们怎样利用闲暇的时间。”(《慈幼的问题》)

怎样对待孩子,正可以看出我们怎样对待未来!

## 自由自有其代价

先生二十年来与恶社会宣战，恶社会现在借刀报复，自是意中之事。但此乃我们必不可免的牺牲，——我们若怕社会的报复，决不来干这种与社会宣战的事了。乡间有人出来提倡毁寺观庙宇，改为学堂；过了几年，那人得暴病死了，乡下人都拍手称快，大家造出谣言，说那人是被菩萨捉去地狱里受罪去了！这是很平常的事。我们不能预料我们的儿女的将来，正如我们不能预料我们的房子不被“天火”烧，我们的“灵魂”不被菩萨“捉去地狱里受罪”。

况且我们既主张使儿女自由自动，我们便不能妄想一生过老太爷的太平日子。自由不是容易得来的。自由有时可以发生流弊，但我们决不因为自由有流弊便不主张自由。“因噎废食”一句套语，此时真用得着了。自由的流弊有时或发现于我们自己的家里，但我们不可因此便失望，不可因此便对于自由起怀疑的心。我们还要因此更希望人类能从这种流弊里学得自由的真意义，从此得着更纯粹的自由。（《寄吴又陵先生书》）[①]

所谓自由，胡适解作“由于自己”，即不由外力，自己做主。他认为自由是人类灵魂的粮食，不可或缺，更不可因噎废食——毕竟，自由自有其代价，比如，你若要培养孩子的独立人格，就不能老抱着施主与债主的心态。

也许，这也正是胡适说“我要我的儿子做一个堂堂的人，不要他做我的孝顺儿子”的真正原因。

① 吴虞（1872—1949），字又陵，新文化运动的干将，曾发表《家族制度为专制主义之根据论》、《说孝》等文，被胡适称为“中国思想界的清道夫”、“四川只手打倒孔家店的老英雄”。但这位“老英雄”后来因父女矛盾而被保守人士攻击，于是胡适“现闻成都报纸因先生的女儿辟更女士的事竟攻击先生，我觉得我此时不能不写几句话来劝慰先生”，故有此文。

## 人人都想拯救世界，却没人肯帮妈妈洗碗

真正的纪念父母，方法很多，何必单单保存这三年服制？现行的服制，乃是古丧礼的皮毛，乃是今人装门面自欺欺人的形式，我因为不愿意用这种自欺欺人的服制来做纪念我母亲的方法，所以我决意实行短丧。我因为不承认“穿孝”就算“孝”，不承认“孝”是拿来穿在身上的，所以我决意实行短丧。（《我对于丧礼的改革》）

现在丧礼的坏处，并不在不行古礼，乃在不曾把古代遗留下来的许多虚伪仪式删除干净。例如不行“寝苫枕块”的礼，并不是坏处；但自称“苫块昏迷”便是虚伪的坏处。又如古礼，儿子居丧，用种种自己刻苦的仪式，“水浆不入于口者三日，杖而后能起”，所以必须用杖。现在的人不行这种野蛮的风俗，本是一大进步，并不是一种坏处；但做“孝子”的仍旧拿着哭丧棒，这便是作伪了。（《我对于丧礼的改革》）

台湾大学校长曾言：人人都想拯救世界，却没人肯帮妈妈洗碗。

也许尽孝的真谛，就是父母在世时，常回家看看。

## 价值观家教

“士大夫”的稀少，只是因为“士大夫”在古代社会里自成一个阶级，而这个阶级久已不存在了……在那个时代，虽然经过了魏晋旷达风气的解放，虽然经过了多少战祸的摧毁，“士大夫”的阶级还没有完全毁灭，一些名门望族都竭力维持他们的门阀。帝王的威权，外族的压迫，终不能完全消灭这门阀自卫的阶级观念。门阀的争存不全靠声势的煊赫，子孙的贵盛。他们所倚靠的是那“士大夫风操”，即是那个士大夫阶级所用来律己律人的生活典型。即如颜氏一家，遭遇亡国之祸，流徙异地，然而颜之推所最关心的还是“整齐门内，提撕子孙”，所以他著作家训，留作他家子孙的典则。隋唐以后，门阀的自尊还能维持这“士大夫风操”至几百年之久。我们看唐朝柳氏和宋朝吕氏、司马氏的家训，还可以想见当日士大夫的风范的保存是全靠那种整齐严肃的士大夫阶级的教育的。（《领袖人才的来源》）

“士大夫”的风骨操守，余脉流传数百年之久，正在于他们对价值观的捍卫，在于他们的价值观家教。

## 软实力才是真正的实力

凡成为领袖人物的，固然必须有过人的天资做底子，可是他们的知识见地，做人的风度，总得靠他们的教育训练。一个时代有一个时代的“士大夫”，一个国家有一个国家的范型式的领袖人物。他们的高下优劣，总都逃不出他们所受的教育训练的势力。某种范型的训育自然产生某种范型的领袖。

这种领袖人物的训育的来源，在古代差不多全靠特殊阶级（如中国古代的士大夫门阀，如日本的贵族门阀，如欧洲的贵族阶级及教会）的特殊训练。在近代的欧洲则差不多全靠那些训练领袖人才的大学。欧洲之有今日的灿烂文化，差不多全是中古时代留下的几十个大学的功劳。

近代文明有四个基本源头：一是文艺复兴，二是十六七世纪的新科学，三是宗教革新，四是工业革命。这四个大运动的领袖人物，没有一个不是大学的产儿。……至于今日，西方国家的领袖人物，哪一个不是从大学出来的？即使偶有三五个例外，也没有一个不是直接间接

受大学教育的深刻影响的。（《领袖人才的来源》）

教育是真正的软实力，从某种程度上说，软实力才是真正的实力，无论民族、国家、社会、个人，均是如此。

## 尊重天性，信仰自由

我也知道，劝教会学校抛弃传教的目的，比劝张作霖、吴佩孚裁兵还要难的多。但我有两层理由，不能不说。

（1）利用儿童不能自己思想的时期，强迫他做宗教的仪式，劝诱他信仰某种信条，那是不道德的行为。右手执剑，左手拿《哥兰经》（The Koran），是你们不赞成的。右手拿面包，左手拿《马太福音》，那是救世军的行为，是萧伯纳（Bernard Shaw）所讥笑的。但是右手拿粉笔和教科书，左手拿《马太福音》，也是我们所反对的。教育是为儿童的幸福的，不是为上帝的光荣的。学校是发展人才的地方，不是为一宗一派收徒弟的地方。用学校传教，利用幼稚男女的简单头脑来传教，实行传教的事业，这种行为等于诈欺取利，是不道德的行为。

（2）为基督徒计，与其得许多幼稚可欺的教徒，还不如得少数晚年入教的信徒。早年受劝诱入教的人，中年智识开发之后，往往要起反感。天才高的也许变成福尔泰（Voltaire）一类的革命家；中下的也许放悠流荡，打破一切教义的拘束。倒是那些中年以后信教的人，信心不易减退，宗旨不易变迁。给他自由思想的机会；他若从经验中感觉宗教的需要，从经验里体会得基督教的意义，那种信徒才是真信徒，一个可抵千百个的。圣奥古斯丁便是一个有名的先例。（《今日教会教育的难关》）

如果一定要劝诱孩子“信仰某种信条”，则非“自由”莫属。胡适视“自由意志”与“独立人格”为做人之根本，而这一品性——亦不妨称之为信仰，倒的确是要从小开始培养的。

## 孔子的道德教育

他（杜威）说："格言往往成一种和人生没有关系的东西，变成一种律令，要人顺从他。这样就把道德的中心，移出人生的外边。凡重文字、轻精神，重命令、轻自动的道德，好像用外面的压力，把个人里面活泼泼的精神压住了。"

我们把道德教育，和一种道德上的特别名称紧紧抱住，和个人他种行为分离。至于个人自己的观念和自动力，竟全然没有关系。这种道德教育，不过养成一种无能力无用处的"好人"罢了。能负道德责任的和能干事的人，不是这样教育法可养成的。这样教授法，都是皮毛的，于养成品性全没有关系。（《杜威之道德教育》）

《吕氏春秋》上记载了一个关于孔子的故事。有一次，他的学生子路看到一个孩子掉进湍急的河里，就奋不顾身地跳下去把他救起。孩子的父亲送来一头牛表示感谢，子路欣然接受。于是孔子表扬道：这下子鲁国人都该见义勇为了。另一次，孔子的学生子贡在国外赎回了落难沦为奴隶的同胞，按照鲁国的法律规定，子贡可以向国库报销付出的赎金，他却毫不犹豫地拒绝了。于是孔子批评道：你真是大错特错！你接受那笔报销，并不会损害你行为的价值；而你高风亮节地拒绝，从今以后鲁国人就再也不会拯救自己的同胞了。

## 道德是一种行动的生活

社会的价值一句话，对于儿童不过是一种抽象的意思。若不把这抽象的变作具体的，他们小孩子便不能懂。做到这道德的地步，究竟是儿童自己的事。所以我们就要从儿童个人身上着想。要使他们个人的生活，代表社会生活的一部分。

我们要养成一种人，使他有肩膀担负责任，不怕难，不怕苦，自动非被动，敢言又敢行，这才算是一个有道德的人。这种能力，我们就叫他品性的原动力。（《杜威之道德教育》）

慈悲心，或与人表同情的心，是必须养成的。要养成这种感情，须要留心美的环境，使儿童受一种美感的影响。（《杜威之道德教育》）

我们所应做的事，就是把个人活动和社会生活联接起来。这只有儿童自己做得到，教员实在不能越俎代庖。即使教员能勉强做到，亦没有什么伦理上的价值。教员所能做的，不过把环境改良，使儿童受了环境的影响，自己动作起来。道德的生活，是要儿童个人知道自己动作的意思，动作的时候，又要有精神上的兴趣，对于动作的结果，是自己用力得来的。（《杜威之道德教育》）

所谓道德，无非爱与慈悲。用孔子的话说就是“己所不欲，勿施于人”。

所谓道德，身教重于言教。因为在儒家看来，道德本就是一种行动的生活。

## 放开手，让孩子学会行走

那时我名为十四岁，其实只有十二岁有零。这一次我和母亲分别之后，十四年之中，我只回家三次，和她在一块的时候还不满六个月。她只有我一个人，只因为爱我太深，望我太切，所以她硬起心肠，送我向远地去求学。临别的时候，她装出很高兴的样子，不曾掉一滴眼泪。我就这样出门去了，向那不可知的人海里，去寻求我自己的教育和生活。孤零零的一个小孩子，所有的防身之具只是一个慈母的爱，一点点用功的习惯，和一点点怀疑的倾向。（《九年的家乡教育》）

这是胡适谈到他第一次出门求学时的情景。他就这样带着爱和一点独立的精神上路了。

## 人生的第一堂课

我在我母亲的教训之下住了九年，受了她的极大深刻的影响。我十四岁（其实只有十二岁零两三个月）就离开她了，在这广漠的人海里独自混了二十多年，没有一个人管束过我。如果我学得了一丝一毫的好脾气，如果我学得了一点点待人接物的和气，如果我能宽恕人，体谅人，——我都得感谢我的慈母。（《九年的家乡教育》）

我母最大的禀赋就是容忍。中国史书记载唐朝有个皇帝垂询张公仪那位家长，问他家以什么道理能九世同居而不分离拆散。那位老人家因过于衰迈，难以口述，请准用笔写出回答。他就写了一百个“忍”字。中国道德家时常举出“百忍”的故事为家庭生活最好的例子，但他们似乎没有一个曾觉察到许多苦恼、倾轧、压迫和不平，使容忍成了一种必不可少的事情。（《九年的家乡教育》）

推动摇篮的手，就是推动世界的手。

## 美的教育

习读写算三者，和其他干燥的功课，把他的耳掩住，不闻好文学，不听好音乐，把他的眼遮住，不见好建筑，好雕刻，好图画，这样办法，我们就没有把儿童的感情养好的机会。他的品性，就缺这一份重大的要素。（《杜威之道德教育》）

孩子需要的，是美的教育，而非美术教育。

## 爱的艺术

冬秀，你对儿子总是责怪，这是错的。我现在老了，稍稍明白了，所以劝你以后不要总是骂他们。你想想看，谁爱读这种责怪的信？……以后我和你都得改变态度，都应该把儿子看作朋友。他们都大了，不是骂得好的了。你想想看，我这话对不对？——（《一九三九年九月二十一日给江冬秀的信》）

我起初全不懂得这一套，后来也渐渐懂得看人的脸色了。我渐渐明白，世间最可厌恶的事莫如一张生气的脸；世间最下流的事莫如把生气的脸摆给旁人看。这比打骂还难受。（《九年的家乡教育》）

有个小男孩，因为两岁时得过脑炎，智力受损，学习起来很吃力。那是一次作文课，题目是《愿望》。他极其认真地写，虽然只有三句话：我有两个愿望。第一个是，妈妈天天笑眯眯地看着我说："你真聪明。"第二个是，老师天天笑眯眯地看着我说："你一点也不笨。”

于是，就是这篇作文，深深地打动了他的老师，那位老师不仅给了他最高分，在班上充满感情地朗读了这篇作文，还一笔一画地批道：“你很聪明，你的作文写得非常感人。请放心，妈妈肯定会喜欢你的，老师肯定也会格外喜欢你的，大家肯定都会喜欢你的。”

是的，智力可以受损，但教育给予孩子的爱，会让他永远生机勃勃。